带你去看

大清朝

李世化 编著

中国商业出版社

图书在版编目（CIP）数据

带你去看大清朝/李世化编著.--北京：中国商业出版社，2020.11

ISBN 978-7-5208-1331-0

Ⅰ.①带… Ⅱ.①李… Ⅲ.①社会生活—历史—中国—清代—通俗读物 Ⅳ.① D691.9-49

中国版本图书馆 CIP 数据核字（2020）第 221402 号

责任编辑：滕 耘

中国商业出版社出版发行
010-63180647　www.c-cbook.com
（100053 北京广安门内报国寺 1 号）
新华书店经销
北京紫瑞利印刷有限公司印刷
*
710 毫米 ×1000 毫米　16 开　13.5 印张　175 千字
2020 年 11 月第 1 版　2021 年 1 月第 1 次印刷
定价：48.00 元

* * *

（如有印装质量问题可更换）

前　言

提及中国古代历史，清朝时期无疑是很多人希望了解的。

说起清朝，一些相关题材影视剧让越来越多的人对其产生了兴趣。很多人都希望能通过影视剧以外的方式来了解这个距离我们时间最近的封建王朝，但是阅读高文大册的经史子集，对于大多数人来说是一件枯燥和困难的事情。那么就让我们通过这本书来推开它的"大门"。

千百年来，我们的国家在绝大多数的时候处在封建时代。可从来没有一个朝代像清朝这样，能让众多的史学家如此褒贬不一，莫衷一是。清朝有被称为"千古一帝"的康熙大帝，这是封建社会的最后一个鼎盛时期；当西方迅速发展的时候，清朝还在夜郎自大，闭关锁国，于是在经历了回光返照之后，清朝开始坠入黑暗的深渊。随着清朝统治的结束，中国两千多年的封建帝制也走下历史舞台。

清朝是我国历史上最后一个封建王朝。1636年，皇太极改国号为大清，定都盛京，1644年清军入关，占领北京。从此，这支来自东北的少数民族开始了近300年的统治。满族不是第一个在中原建立政权的少数民族，在它之前有蒙古人建立的大元，有五胡乱华时昙花一现的诸多少数民族政权，还有女真人完颜阿骨打所建立的大金。但是，清朝却是这些少数民族建立的王朝中统治时间最长的一个，这与清朝统治者采取的治国政策有着密不可分的关系。

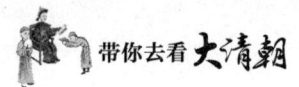

　　清朝统治者从前代那里吸取了经验教训,没有一味地排斥中原文化,而是将其收为己用。清朝统治者恩威并施,一方面用武力压制,另一方面又开博学鸿词科拉拢汉族士人。中原的政治制度和科学文化深深地影响了清朝贵族生活和生产的各个方面。同时,他们将独特的民族文化和习俗带到了山海关内,深深地影响了传统的中原文化。

　　清朝也是历经风雨、命途最为波折的一个封建王朝。清朝建国初期,经历了一段时间的社会动荡。好不容易等到朝廷广开博学鸿词科,一波波文字狱又开始袭来,压得众多文人抬不起头来,甚至于都不敢参加科举考试了。内忧外患都平定得差不多了,也终于有了康乾盛世的辉煌,但是这仅仅成了封建王朝的"回光返照",守成之主却难以维持国家现有的繁盛,大清帝国开始走向没落的深渊。

　　就在人们以为新的社会体制即将建立的时候,帝国主义列强却横插一脚,硬是将这个没落的帝国推向了半殖民地半封建社会的深渊,足足中断了社会正常发展近百年,使得国不成国、家不成家。

　　为了满足人们阅读的需求,我们带着严谨认真的态度,用通俗的语言编写了这本《带你去看大清朝》,书中以幽默风趣的语言介绍了清朝时王公贵族和平民百姓们的衣、食、住、行,让你深入领会它的风采。

　　如果你对清朝的历史很感兴趣的话,就请跟着作者一起去看看大清朝吧!

目 录

第一章　带你看大清朝　　001

1. 看大清行政区划与人口分布　　002
2. 为何改金为大清？　　005
3. 北京的"五城"与"城属"　　008
4. 大清外交故事　　011
5. 官员的日常琐事　　015

第二章　纵览清朝时尚　　019

1. 王公贵族穿什么？　　020
2. 大清饰品与绣品　　023
3. 清宫女子的旗头如何划分权力级别？　　026
4. 清朝二十四节气穿衣指南　　030
5. 大清的审美标准　　034
6. 大脚小脚，女性如何在清朝立足？　　037

第三章　舌尖上的大清　　041

1. 一探大清酒文化　　042
2. 清朝宫廷饮食文化与民间小吃　　045
3. 从皇帝衣食住行看皇室生活　　048

4. "番菜馆"？清代也能吃到正宗西餐？ ... 051
5. 谁有资格参加千叟宴？ ... 054

第四章 旧时清民住何许？ ... 057

1. 北京旗人的住所分布是怎样的？ ... 058
2. 走街串巷：古朴雅致的大清民居 ... 061
3. 清朝皇家园林建筑——北京半亩园 ... 064
4. 古迹寻遗之清代宗祠建筑：陈家祠 ... 067
5. 清朝时故宫如何解决取暖问题？ ... 070

第五章 清朝人如何出行？ ... 073

1. 一车，一马，一车夫，官员必备出行三要素 ... 074
2. 清朝人都去哪儿玩？ ... 077
3. 独一无二的老北京人力车 ... 080
4. 纷争迭起，缘自铁路？ ... 083

第六章 五花八门的娱乐消遣 ... 087

1. 闲暇时间做什么？ ... 088
2. 鸦片在清朝是怎样肆虐的？ ... 092
3. 听曲儿，街坊邻居茶余饭后的消遣 ... 095
4. 如何进行体育锻炼？ ... 098

第七章 资本运作催促商品经济 ... 101

1. 银两铜钱、外国货币知多少？ ... 102
2. 皇宫月薪有多少？ ... 106
3. 清朝商人会馆与商业秩序 ... 109
4. 漕帮与漕运对清朝的影响 ... 113

5. 我爱喝茶！大清茶业经济与茶叶种类变迁 　　117
 6. 晋商票号与商品经济 　　121

第八章　不可不说的医疗与教育 　　127

 1. 皇室生病了怎么办？ 　　128
 2. "大清药王"同仁堂创始人乐显扬的商业秘密 　　132
 3. 上学？学校教育制度的变迁 　　136
 4. 清朝学术变迁之"朴学" 　　140
 5. 什么是八股文？ 　　144

第九章　节庆盛典如何过？ 　　149

 1. 玩转喜气洋洋的大清传统节日 　　150
 2. 清朝过节如何放假？ 　　153
 3. 清朝结婚都有什么必经流程？ 　　156

第十章　时代变迁，观西学渐融东方文明 　　161

 1. 清朝皇帝上朝的时候说的是满语还是汉语？ 　　162
 2. 那些年流行过的洋泾浜英语 　　165
 3. 大清通信之电报入京 　　169
 4. 睁眼看世界，要不要学习西方？ 　　173

第十一章　清朝人的社会保障 　　177

 1. 法律：《大清律例》《大清会典》都在说些什么？ 　　178
 2. 清朝旗人生下来就有俸禄吗，能领多少呢？ 　　181
 3. 清朝人能够感受到怎样的科技？ 　　184
 4. 奴仆的悲惨命运 　　188
 5. 清朝的社会保障制度 　　191

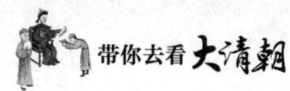

第十二章　大清的部分机构　　　　　　　　　　195

1. 诡异的大清军机处　　　　　　　　　　　　　196
2. 两个省会？特立独行的清朝江苏省　　　　　　200
3. 粘杆处？血滴子？　　　　　　　　　　　　　203
4. "神奇"的师爷，衙门里精于世故的聪明人　　206

第一章

带你看大清朝

导语

想了解清朝,请跟着作者一起来看看百年前的行政区划,还有那时的都城顺天府(也就是今天北京城)里的各个城区。此外,还有大清的外交和官僚的日常琐事等着我们去发现,让我们快点看看吧!

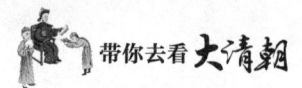

1. 看大清行政区划与人口分布

清朝时的疆域版图比我们今天的要大很多，但是在行政区划的划分上已经和现在相当接近了，也正是因此我们的旅行难度将会降低很多。清朝皇帝最初统一中原的时候，把全国分为十五个行省，省下又分设道、府（州）、县。等到康熙皇帝即位后，边疆地区逐渐被平定，内地的统治也逐渐趋于平稳。为了更好地统治国家，康熙皇帝将原来的十五行省划分为十八个，并且在少数民族地区施行一种特殊的行政区划。

要了解清朝的行政区划，首先一定要了解一下它的都城。我们今天的首都北京，在元明清时期就已经作为国家的都城了，但是在几百年前，它的名字并不是一直叫作"北京"的。在元朝的时候，它叫作"大都"，是元朝政权的政治中心。一百多年后，元朝政权被推翻了，朱元璋家族建立了新的大明王朝。新的统治者并没有在大都建立都城，而是定都在了应天府（也就是今天的南京），并且把"大都"改作了"北平"。但是明成祖朱棣即位后，觉得北平这个地方比应天府好，就打算迁都到北平。为了区分新旧都城，人们把北边的北平称作"北京"，而把南边的应天府称作"南京"。很快，朱棣又给新的都城改了名字，叫作"顺天府"。

清廷仍然沿用"京师顺天府"的称呼，但是在民间，也有很多人管

第一章　带你看大清朝

它叫北京。当时的都城和它周围很大的一片区域合称为"直隶",归中央政府直接管辖。在清朝,今天河北省的很大一部分属于直隶省。除了直隶之外,内地还有江苏、安徽、山西、山东、河南、陕西、甘肃、浙江、江西、湖北、湖南、四川、福建、广东、广西、云南、贵州这十七个行省。大家一看肯定会觉得,这和我们今天的省份简直一模一样嘛!的确如此,我国的行政区划经过数千年的发展,到了清代可以说已经是达到了相当完善的地步。

为了更好地治理少数民族地区,清政府在我国的边疆地区设立了与内地不同的行政区划。首先是东三省地区。除了首都——京师顺天府以外,清朝在东三省还有一个"留都"。清朝的统治者来自东北地区,为了给自己留下一条退路,他们在东北地区设立了另外一个都城"盛京"。除了盛京以外,清朝在东北地区还设有吉林省和黑龙江省。而在其他少数民族居住的地区,由于时间早晚的不同,我们可能看到两种不太一样的设置。在清朝早期的时候,我们能在边疆地区看到一种"土司制度"。土司是一种官职。皇帝在少数民族的贵族里挑选一个统治者,让他担任当地的"土司",和朝廷派去的官员一起治理当地。土司有很大的权力,而且职位是可以世袭的,在当地有很高的威信。但土司的权势过大,难免让皇帝有所忌惮。于是很快,这种土司制度就被废除了。取而代之的是新疆的伊犁将军,西藏的驻藏大臣和青海的西宁办事大臣。而在当时的蒙古地区,则按满族人的传统设立八旗制度。

1884年置新疆省,1887年建台湾省,1907年改奉天、吉林、黑龙江三个将军辖区为省,加上内地十八省共为二十三省。因1895年清政府签订了丧权辱国的《马关条约》,台湾省割让给日本,所以史称二十二省。

介绍完了清朝的行政区划,我们接下来看看清朝的人口。

从商周到明朝一千多年的时间里,古代人口数量起起伏伏,但是

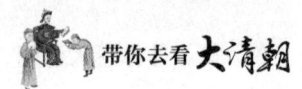

始终都没有超过1亿人。这主要是因为古代战乱和饥荒不断，而且医疗水平不高，人们平均寿命不长，即便偶尔遇上圣主明君，社会安定，人口数量得到回升，但始终没有破亿。那在几百年前的清朝，到底有多少人口呢？实际上，在清朝近300年的历史中，人口数量的变化是相当大的。

清朝刚入主中原的时候，国内人口并不是很多。因为明末清初的时候，全国各地战事频起，造成了大量的伤亡，人口数量急剧下降。社会动荡不安，农民种植的粮食也很难得到收获，很多人都因为没有饭吃被饿死了。而清朝刚入关的时候，百姓的境况也没有好到哪里去。

康熙皇帝一番文治武功之后，国内的战乱几乎全部被平定了。社会稳定，百姓又重新回到了土地上耕种，人口也自然而然地得到了增长。但是清朝的人口到底是怎么突破1亿大关的呢？

这首先要归功于玉米和红薯的引进。正如你所想的，在明朝中后期以前，我国是没有玉米和红薯的，那时的人们自然也吃不上香喷喷的煮玉米和烤红薯。而五谷的产量又很低，只靠种植五谷的话，老百姓连温饱都很难满足。后来，高产的玉米和红薯传入我国，这个问题自然迎刃而解了。土地里产出的粮食能养活更多的人，人们自然愿意多生孩子多养娃。其次就是清政府出台了许多有利的人口政策，刺激了人口的增长。在清朝之前，历朝历代都要向百姓征收人头税，你家人越多，要交的税也就越多。为了少交税，人们就尽量少生孩子或者生了孩子不上报。但是康熙皇帝在位的时候，人头税被取消了，人们再也不用为新生人口要交的税费发愁了。也正是从这个时候开始，清朝的人口开始暴增。到了清朝末年的时候，我们就已经有"四万万同胞"了。

2. 为何改金为大清？

如果你想要了解清朝建国初期的历史的话，可以将时间定在1616年到1636年间。但是你会发现，在那个时候并没有我们所熟知的大清王朝。此时与大明王朝针锋相对的是一个叫作"后金"的政权，而它就是大清王朝的前身。那"后金"是何时改称大清的，改名又是为了什么呢？

众所周知，清朝是由满族建立的政权，但是在清朝之前，这支少数民族部落的名字并不叫作"满族"。3000多年前的时候，满族的祖先就活跃在我国的边疆地区了，那个时候他们被称为"肃慎人"。随着历史的更迭，肃慎人先后换了好几个名字。宋朝的时候，他们被称为女真人。1115年的时候，完颜阿骨打统一了女真族各部落，建立了金朝。但是不久，金朝就被蒙古骑兵打垮了，女真族各部落又开始过上了松散的游牧生活，而这种一盘散沙的情况一直持续了5个多世纪。

时间很快就到了明朝万历年间，女真族各部落中，一个叫努尔哈赤的部落首领带领他的部族统一了女真各部。这是继完颜阿骨打之后，女真部族的再一次统一。努尔哈赤将新的统一政权仍命名为"大金"，历史上通称"后金"，意为"金朝的继续"。努尔哈赤死后，他的儿子皇太极即位。1636年的时候，皇太极将族名"女真"改为"满洲"，将国号"大金"改为"大清"。

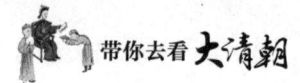

关于皇太极更改国号的原因，正史中并没有明确的记载，后代的学者根据史料给出了很多种说法。一种说法是为了减轻汉族百姓的抵触情绪，为入主中原做准备。"大金"和"女真"很容易让百姓联想起宋朝时女真人建立的金国政权。当时宋金交战，残害了大量的中原汉族百姓，而"靖康之耻"和岳飞抗金、岳母刺字的故事更是在民间广为流传。如果仍然以相同的名号入主中原的话，很容易引起中原百姓的抵抗情绪。为了避免这种情况的出现，努尔哈赤决定更改国号和族名。而"清"和"明"在古代汉语中是同义词，努尔哈赤以"清"为国号也有承前朝之志，与其争锋的意思。

但也有一种说法称，皇太极之所以改国号完全是出于五行相克的原因。据说当时皇太极领兵攻打明朝不利，有术士给他出主意，说大明的国号里有"日"字，在五行中是属火的，当时明朝领兵的将领叫袁崇焕，名字里的"焕"字也是属火的，金朝的国号则属金，而火是克金的，因此金军进攻明朝才会多次失利。皇太极听了这个术士的话觉得挺有道理，为了讨个吉利就将族名改为"满洲"，将国号改为"大清"。"满洲"和"清"都是属水的，水能克火，因此皇太极才能推翻明王朝，带领清兵入关。但是这种说法向来饱受质疑。毕竟是改国号和族名这种大事，这么草率的决定，难免让人有些怀疑。而且皇太极信不信五行之说还有待商榷。

还有一种说法是语音的转化。女真族是少数民族，有自己的语言和文字。当时的中原地区也没有普通话，人们要么讲全国通行的官话，要么讲自己当地的方言。讲女真话的皇太极想当全天下的皇帝，就得让天下人听懂他在讲什么，但推广女真话实在是太难了，很不现实。因此，他不得不学习中原文化。而学习中原文化的第一要务，就是把自己的国号和族名换成汉人能听懂的名字。所以按这个道理说，大清朝的国名，理应是女真话中"大金"的音译才对。但实际上，"大清"

这个新名字，跟满文并没有什么关系。

　　有关"后金"更名为"大清"的原因，历来层出不穷，人们各持己见，难以得出统一的意见，每种说法之间也都有着千丝万缕的关系。时至今日，我们虽然无法确切地得知皇太极更改国名的原因，但还是可以从遗漏的证据中推测出一些蛛丝马迹来。

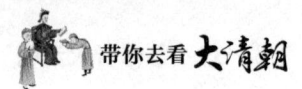

3. 北京的"五城"与"城属"

早在几百年前的元明清时期,北京就成了一朝都城,国家的政治中心。但那时北京城的城区划分与今天相比,却是大不相同。下面我们就一起了解一下当时北京城中的"五城"和"城属"的划分。

北京作为王朝都城的历史始于元朝,北京城中五城的划分也起源于此时。在元代时期,被称作"大都"的北京城,城中按金、木、水、火、土五行对应,划分为东、西、南、北、中五个城区。明、清两代定都北京后,大体沿袭了元代时的行政区划,但也在一些方面做了些许改动。

如果仔细观察地图的话,我们会发现,老北京城的城区是一个"凸"字形。"凸"字的上半部分被称为内城,内城有九个城门,分别是:德胜门、安定门、东直门、西直门、朝阳门、阜成门、宣武门、崇文门和正阳门。而与之相对的下半部分则被称为外城,外城与内城以宣武门、正阳门和崇文门为界线,除此之外,外城还有西便门、东便门、广安门、广渠门、右安门、左安门和永定门七个城门。在"凸"字上半部分的方形中央,就是明、清两代帝王曾经居住过的皇城,城中的老百姓习惯称其为"紫禁城"。皇城中又有自己的四个城门,其中一个就是我们今天耳熟能详的天安门,其余三个分别为地安门、东安门、西安门。当然宫中还有许许多多的城门,比如端门、午门等,我

第一章　带你看大清朝

们在此只拣重要的讲，对于这些官门就不一一赘述了。

而我们所说的五城，则是皇城之外的部分。老北京城中，靠近皇城的部分被称作"中城"，而其余的地方则按照地理方位，根据城中坊市的分布，依次分为东、南、西、北四城。除了这五城以外，在北京城外还有大兴、宛平两个京县。

明代时，达官贵人和平民百姓一起居住在北京城中，街巷中还有许多闹市区和商业区，十分繁华热闹。后来清军入关，皇太极下令让八旗子弟和其家眷入住内城，并将原本居住在内城中的汉族百姓通通赶到了外城中居住。成千上万的八旗子弟分散居住在内城的九个城门之内，而清朝的最高统治者则安居在紫禁城的中央。

弄明白了"五城"的界线后，还有一个名词我们得了解一下，它就是"城属"。城属，顾名思义就是"城市的附属"。明清两代所谓的"城属"，一开始指的还真就是北京城的附属地区，可以称得上是世界上最早的城市郊区。

要弄明白城属的概念，我们就必须了解一下北京城的安保工作。明代的时候，内外城中设五城兵马司。五城兵马司实际上是五个衙门的总称，东、西、南、北、中五个城区中各设一司。各司的辖区不仅包括城墙内的区域，还包括部分城墙外的区域，比如西城兵马司除了管辖西城城区以外，还要负责阜成—西直关外地区。这部分区域就是最早的"城属"了，但是此时这些地方还不叫"城属"，这个名字直到清代才出现。

清朝统治者进北京城以后，进一步完善了城中的防守工作。皇城中的安保工作，由禁卫军全权负责。内外城中的安保工作，则交由步兵统领和五城御史共同管理。城墙外的部分区域的安保工作也划归城内，由五城御史和步兵统领统辖下的巡捕营共同负责。五城御史专司民政，而巡捕营则负责军政和缉捕盗贼的任务。所以在清朝，如果你

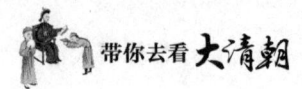

在北京城中遇到了盗贼，就找巡捕营，而如果是街上张大哥欠了你的钱老也不还的话，就要找五城御史了。

两个部门各司其职，共同守卫京畿安全。听起来安排的倒是挺合理，但是很快就有问题暴露出来了。我们前面提到，在北京城外还有大兴和宛平两个京县。老北京城外农村的各项事宜，一般都交由京县的政府负责。农村与郊区的界线并不明确，那发生在城墙外的事情，到底是该由大兴和宛平县政府负责，还是该由五城御史和巡捕营负责呢？两方都说不清。于是遇到棘手的事就你推给我，我推给你，遇到有利可图的事，就争先恐后。可见，"三不管"的灰色地带和"踢皮球"的官僚行径自古已有，且时有发生。为了解决这个问题，雍正皇帝在位时期曾多次下旨立界碑划定城属界线。而此时"城属"一词的含义进一步扩充了，它不再单指五城之外的京郊地区，而是包括了五城和京郊在内。

经历了几百年的风云变幻，内外城中的坊市街巷也早已变了模样。随着社会的快速发展，北京城区不断地快速向外扩张。

4. 大清外交故事

对于古今中外的任何一个国家来说，外交都是一件极其重要的政治事务，清朝也不例外。汉代有张骞奉命出使西域，开辟丝绸之路；唐代贞观年间有玄奘西去印度求取佛经，天宝年间亦有鉴真东渡日本宣扬佛法；明代有郑和乘船下西洋，扬天朝国威。而来华的外国人，更是络绎不绝。自汉代起就有大量天竺的僧人来华，并将佛教带入中国；唐代时，由于仰慕中华文化，日本政府更是派遣了大量遣唐使来华学习；元代时期，政府鼓励外国人来华，大量的阿拉伯人和欧洲人来到东方从事贸易活动，其中最著名的当属马可·波罗。在清朝统治中原的近300年间，更是发生了不少的外交故事。

有关清朝的外交故事，大致可以分为关外、关内两个时期。首先要讲的是关外时期。如前所述，那个时候他们还不叫满洲人，大家都叫他们女真人。女真人的部落很多，各自为政的他们分散在东北平原的各个地方。东边的朝鲜人和西边的蒙古人都是他们的邻居。后来，努尔哈赤想要统一女真各部。为了保证统一的顺利进行，努尔哈赤动用了许多外交手段。学过一些中原文化的努尔哈赤决定借鉴秦始皇当年统一六国的办法——"远交近攻"。对于离得远的女真部落，他不是联姻就是送礼示好。而对于离得近的女真部落则是打打打，打赢了就吞并。就这样，附近的部落都被他吞并了，离得远的部落自然就变近

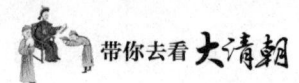

了,离得近了就再继续打,直到所有的女真部落都被统一。在"远交近攻"过程中,为了防止自己周围的邻居偷袭自己,努尔哈赤与蒙古、朝鲜还有明王朝的统治者都建立了良好的关系。对于和自己实力差不多的蒙古、朝鲜就称兄道弟,订立盟约。对于实力比自己强的明王朝就称君臣,年年进贡,永岁为好。得益于这样的外交政策,努尔哈赤很快就建立了统一的女真政权——后金。

后金一强大起来,就不满于过去自己订下的外交政策了,他们谋划着进军关内,推翻明王朝。明王朝察觉出了努尔哈赤的企图,就联合蒙古、朝鲜,想要围剿后金。一对三肯定是没有什么胜算的,为了达成新的目标,努尔哈赤又使出了新的外交手段,他派人给朝鲜的统治者送信,劝他"不要再跟着明朝了,我们联盟,一起打下中原,然后世世代代做好朋友"。但当时的朝鲜肯定不愿意反叛明朝,努尔哈赤的外交手段宣告失败。很快,他自己也因为在战场上受伤,伤重而亡。皇太极继位后,改国号为大清。他一看打不过明朝就决定先示弱,向明朝求和。谈来谈去谈崩了,皇太极又不想讲和了,就又开战,打不过了就又讲和,这么翻来覆去折腾了好几回。为了解除蒙古、朝鲜和明朝对自己的三面合围之势,和谈不成的皇太极决定攻打蒙古和朝鲜。难以抵抗女真骑兵的蒙古和朝鲜都归附了清朝。没有了后顾之忧的清兵很快就攻入了关内,清朝统治者如愿以偿地入主了北京城。

进入关内以后,清政府的外交政策有所调整。当时的沙皇俄国不停地向清朝边境地区扩张,甚至占领了边疆的雅克萨和尼布楚两座城池。清政府大怒,出兵雅克萨。来自草原的清兵英勇善战,很快就打败了入侵的沙俄军队。清廷派去的官员严厉谴责了沙俄的无耻行径,两方签订了《尼布楚条约》。和沙俄的这一仗打出了清政府的威名,周边的小国为求庇佑纷纷来朝。据记载,有44个国家先后成为清朝的属国,定期向清政府交纳贡品,此时的清政府可以称作真正的"天朝上国"了。

第一章 带你看大清朝

四方来朝的使者向清朝的统治者行三跪九叩的大礼，清朝派出的使者代表帝王，也接受各国臣民的三跪九叩。在一些小国，甚至连国王也要向清帝和他的使臣下跪行礼。盲目的优越感蒙蔽了清朝皇帝的眼睛，他们越来越自大。顺治十三年（1656）的时候，俄国沙皇派尼古拉使团来访，清朝的礼仪官教给使团如何行礼。俄国没有行三跪九叩的大礼，使团成员说若要他们行这么重的大礼，清朝得好好招待他们才行。于是连哄带骗，觐见那天，使团终于行了三跪九叩礼。但是还没等皇帝说平身，他们就自己先站起来了。顺治皇帝觉得这俄国人有点不知礼数，但是也没说什么。后来新沙皇继位，清朝派了使团去道贺。临行前，皇帝叮嘱使团成员一定要好好展现一下天朝上国的礼节，别像上次俄国来的使臣一样丢人现眼。于是浩浩荡荡好几十人的使团到了俄国齐刷刷地跪倒一片。新上任的女皇哪见过这样的阵仗，吓得直叫他们起来，可是使团成员纷纷说这是中华的礼节，不能起来。乾隆皇帝时期，英国使者马格尔尼来华仅行单膝跪拜礼。乾隆皇帝没说不高兴但是一口回绝了英国王室通商的请求。后来英使阿美士德再次来访，干脆直接被拒见。鼎盛一时的清帝国接受着来自四方的朝拜，但这盛况很快就不见了。

1840 年以后，面对西方人的坚船利炮，清朝不得不打开了它的国门，与此同时近代意义上的外交活动也越来越多。但是此时的清朝早已没了天朝上国的威风，由于长时间的闭关锁国，清朝的官员往往迂腐陈旧，难以跟上时代的潮流，更不了解外国的风俗，在出任大使的过程中闹了不少笑话。清朝驻日的公使名叫汪度，有一年元旦，各国公使按例向日本天皇朝贺，汪度也在其中。朝贺的时候行握手礼，在日本，握右手是表示尊重，握左手则恰恰相反。不知道汪度太过紧张还是根本不知道这个习俗，竟然朝着日本天皇伸出了左手。天皇以为汪度是在蔑视他，拒绝和汪度握手。随行的官员看着汪度伸出的左手

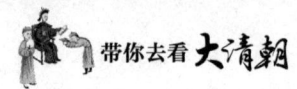

吓了一跳，想扯扯他的袖子提醒他一下，结果用力过猛把汪度给拽倒了。堂堂大清使节就这样在新年的第一天当着日本天皇和各国使节的面，结结实实丢了一回人。

晚清出使各国的使臣因为语言不通、风俗不同而闹出的笑话，数不胜数。看来无论何时何地，也无论是外出办公还是游玩，都要提前了解好当地人的语言和习俗，以免造成不必要的误会。

5. 官员的日常琐事

古代的学子往往穷尽毕生心血，寒窗苦读，只为有朝一日考取功名，大展宏图。对于许许多多的古代人来说，"学而优则仕"恐怕是他们一生的追求了。做官到底有什么有意思的地方，吸引着无数人为之呕心沥血呢？让我们一起看看大清官员的日常琐事吧。

清朝的官员等级沿袭了前代的"九品十八级"。什么叫"九品十八级"呢？就是大大小小的官员一共分为一品到九品九个等级，一品最大，九品最小。每一品又可分为正、从两个等级，比如一品官员包括正一品和从一品两个等级。正一品和从一品的划分说白了就是我们今天的正职和副职的划分。还有一些官员，他们的品级要么太大，要么太小，但都无法归入"九品十八级"之中。其中品级太大的，比如王公贵族，一律称为"超品"。而那些品级太小的，则通通归入从九品。

除了这些等级之外，根据任职的地点和所管辖的领域，清朝的官员还可以分为京官和地方官，文官和武官。一品官已经是很高的职位了，这样位高权重的大员，一般都是直接在皇帝手下当差的。因此一品官员中除了从一品的武官可以是地方官，剩下的正从文武官员一般都是担任的京官。在天子脚下当官，听起来固然威风，但是很多清朝官员并不想当这个京官。原来，古代官员的俸禄远没有我们想象的那么多。即便是一品大员，一年的俸禄也只有俸银180两、禄米90石，

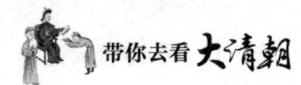

养廉银子虽多,但也禁不住花。除去租房子和打点人情世故花掉的银子,剩下的连维持一家人正常的温饱都有问题,更别提那些品级更低、俸禄更少的官员了。晚清名官曾国藩在京任职期间,仅靠一年所得的俸银很难维持家中生计,连衣食都要靠远在湖南的老母亲接济。远赴他乡任地方官就不同了,除去官府每年发放的俸禄和养廉银子以外,地方官们还有许许多多能来钱的门道。因此许多官员宁可去地方当个七品芝麻官,也不愿意做朝中三品大员。

除了俸禄不够花以外,在京城当官还有许许多多地方官难以理解的痛苦。让我们一起来看看清朝京官一天的工作,你就明白了。

各地各品级的官员在入职以前,都要经过一段时间的"观政"和"学习行走"。及第的进士们虽然饱读诗书,但是毕竟没有亲自接触过政事,难免缺乏经验。因此他们会被派往各自所属的部门,进行一段时间的学习。比如在礼部学习皇家祭祀、娶亲、接待使节的礼仪,在吏部学习官吏的擢升和贬黜的程序,等等。顺治年间,只有经过3个月的实习,才能正式任职,后来到了雍正年间,这一实习期甚至增长到了4年。

看古装剧的时候大家肯定都注意到了,对于官员和皇帝来说,一天中的第一件事无疑就是"上早朝"。实际中的上朝可没有电视剧中"有事启奏,无事退朝"这么轻松。清朝皇帝上朝的时间一般在早上的五点到六点,即便因事推迟,也会在七八点的时候上朝。五点上朝,官员们肯定得提前起来穿好官服,到上朝的地方等候皇帝。迟到是肯定不敢的,万一赶上皇帝生气,别说官帽保不住,就怕连小命都不保。官员们的住处离上朝的地方很远,往往是五点上朝,两三点就得起来准备。那个时候没有今天这样方便的交通工具,官员们出行大多数是乘一顶小轿子。几个轿夫抬着轿子晃晃悠悠地往前走,官员坐在轿子里颠来颠去的,可以说是相当不舒服了。若是遇上雨雪天,道路湿滑,就更得提前出门，路上也更不好走。最难挨的还是冬天的时候，轿子里又冷又颠，体弱的大臣很容易染上风寒。不只大臣遭罪，连皇帝也被折腾得够呛，批奏折批到半夜，刚躺下就又得起来上早朝。

虽然听起来很惨，但实际上上朝也没这么可怕。清朝官员排班是可以自己和同僚商量的，早朝不必每天都去，在规定的日子里上朝就行了，其余的日子都可以休息。而且清朝官员不用坐班，下了朝以后去自己当值的部门点卯。点卯之后，既可以坐班也可以回家，还能将公务带回去处理，基本上相当于我们今天的自由职业者。

但是清朝官员的日常生活还是很忙碌，因为除了公务以外，他们还奔波于各种社交活动中。今天给岳父大人祝个寿，明天给自己的恩师道个喜；早上请同僚吃个饭，傍晚为新中举的同乡接个风；初一参加个诗会，十五给远方的好友回封信，一天到晚闲不下来。由此可见，当官可真不是什么轻松事。

除了日常的公务要完成以外，清朝的基层官员每年年末还要接受"年度考核"，看一看你这一年都干了些什么事，干得称不称职。审核一般是上考下。京官考地方官，大官考小官。考核结束以后一般都会写一个评语，其中不免有言辞十分犀利的评价。顺治年间的县丞金起元就曾被评论说"六十二岁，而朽迈不堪任事"，用白话说就是：年纪大了脑子不灵活了，干不了什么活了。可以说，真是一点面子都没留。

第二章

纵览清朝时尚

导语

清朝的服饰有什么特点?不同节气穿什么样的衣服?清朝的审美和我们今天的审美是否一样?在那时,什么样的女子才能称得上是美女?不要着急,让我们慢慢为你解答。

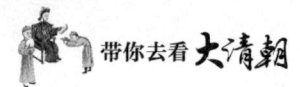

1. 王公贵族穿什么？

一个时代有一个时代的服饰，清朝也有属于自己那个时代的特色服装。

清朝是由少数民族建立的朝代，清朝统治者入主中原以后，积极学习中原文化，在很多政治和文化制度方面都沿用汉族人的传统。但独独在服饰这一项上，清朝的历代帝王都不肯做出让步。清朝建立之后，许多官员提出改用服装的建议。但是清太宗皇太极却坚持要推行满族的服制。康雍乾时期，又不断地有大臣提出改易服饰的请求，但都被皇帝以太宗有训，不能违背祖意的理由驳回了。

满族是马背上的民族，擅长骑射，因此清朝的服饰也保留了很浓厚的草原风格。与传统的汉族服饰相比，满族的服饰有很鲜明的游牧民族特点：无领、箭袖、束腰、下摆开叉而且是左衽。无领就是没有领子；箭袖是指与汉服的宽袍大袖相比，满族人的衣服是窄袖口的；束腰顾名思义就是用腰带束起衣服；下摆开叉是为了方便骑马，而左衽更是与汉服右衽的传统截然相反。

皇帝的衣服一般都有很多套，要根据不同的场合换用不同的衣服，比较常见的有朝服、吉服、衮服、行服、常服和雨服。朝服、吉服和衮服都是礼服，要在特定的场合穿。当举行朝会大典的时候，皇帝要穿朝服出席。朝服根据季节又有冬夏之分，冬朝服和夏朝服都用明黄色的布料制成，又各有两种样式。这两种样式的朝服上，均绣有日、月、星辰、山、龙、华虫、黼、黻、宗彝、藻、火、粉米等十二章纹样，但样式和纹绣的图案有所不同。此外，根据规定，皇帝祭天、祈谷的时候要穿蓝色，祭日的时候要穿红色，祭月的时候要穿月白色。仅仅是一套朝服就已经有这么多的花样了，可以看出当时的礼制有多么严格了。衮服是历代汉族帝王举行祭祀仪式时所穿的礼服，清朝的皇帝将其保留下来并加以改造。当举行重大仪式的时候，皇帝会将衮服套在朝服或吉服的外面。衮服的样式也很多，春秋的时候用棉的，夏天的时候用轻透的纱衣，冬天则用保暖性强的裘皮。吉服就是我们通常所说的龙袍了，当举行吉庆的庆典的时候，皇帝就会穿吉服出席。常服是皇帝平日里所传的衣服，颜色是石青色的，样式与吉服相同，花纹就比较随意了，皇帝想穿什么样的就穿什么样的。常服外经常还会配一个常服褂，颜色与常服相同。行服则是皇帝出游狩猎时所穿的衣服。为了方便骑马，行服一般比较短，颜色和花纹都不做规定。雨服的作用相当于我们今天穿的雨衣。皇帝穿的雨服一般是一套，包括雨冠、雨衣和雨裳，形制有很多种，所用的材料也各有不同。

说完了皇帝的衣服，我们来说说那时皇室其他成员和大臣们穿的衣服。当时皇室贵族所穿的朝服也分冬夏两种，为了更保暖，冬天朝服多用貂皮。皇子的朝服为金黄色的。亲王、郡王的朝服则为石青色的，但也有个别的亲王或者郡王受皇帝喜爱，被赏赐可以穿金黄色的朝服。皇子、亲王和郡王的朝服上均绣有龙纹和祥云的图案。贝勒、贝子、镇国公、辅国公的朝服除了金黄色以外可以穿任何颜色，朝服上绣有四爪蟒纹。清朝的官员上朝时则着翎顶补服。所谓"翎顶补服"，是指根据品级的不同，官帽上的顶子、花翎和官服上的纹绣皆有不同。清代文官的补服上绣飞禽，一品绣仙鹤，二品绣锦鸡，三品绣孔雀，四品绣云雁，五品绣白鹇，六品绣鹭鸶，七品绣鸂鶒，八品绣鹌鹁，九品绣练雀。文官中凡是负责监察职责的，不论品级，皆绣獬豸。因为獬豸在中国传统文化中代表公正无私。武官的补服上则绣走兽，一品绣麒麟，二品绣狮，三品绣豹，四品绣虎，五品绣熊罴，六品绣彪，七品、八品均绣犀牛，九品绣海马。

除了亲王官员以外，清朝时后宫嫔妃和官员的家眷们所穿戴的冠服也都是根据品级所制定的。后宫中皇后、贵妃和其他妃嫔所着的服饰有朝褂、朝袍、朝裙、龙褂和龙袍。大家肯定会奇怪，皇帝穿的吉服叫龙袍，怎么皇后和妃嫔们穿的衣服也叫龙袍呢？这不是僭越了吗？在我们的印象里，皇帝是真龙天子，与之相配的皇后则应该是凤凰才对。但实际上这是错误的，在清朝时期，皇后及妃嫔们的各种服饰之上所绣的图样也都是龙纹，而她们所穿的袍子和褂子，也被称作"龙袍、龙褂"。虽然名称都是一样的，但皇后、皇贵妃、贵妃、妃和嫔所着的服饰之间还是有细微的差别的，以区分品级的不同。除了服饰不同以外，各品级的后妃所佩戴的朝冠和常冠上装饰的东珠、珍珠、金凤、猫睛石和金翟的数量也是不同的。

知道了服饰中的这些门道，再到清朝旅行时，除了感叹古人巧夺天工的织绣技艺和服饰的奢华美丽外，我们还能一眼看出来面前人的身份和品级。

晚清时期，随着西方文明的传入，越来越多的清朝官员上书要求剪发易服。他们主张剪掉辫子，改穿西式服装。这些主张没有得到清政府的支持。

2. 大清饰品与绣品

爱美之心人皆有之，古代女子对美的追求可丝毫不逊于我们今天的女性朋友。早在秦汉之时，人们就已经发明出了许许多多精美的饰品和绣品，这些首饰为女性增添更多的美丽。到了清朝，制造饰品和织造绣品的技艺更是到了炉火纯青的地步。

古代的女子大多数都蓄发，因此可以梳很多形状复杂的发髻。人们觉得只有一个光秃秃的发髻不好看，于是就发明了各种各样的发钗。清朝时期，满族妇女与汉族妇女因为习俗不同，梳的发髻和佩戴的发饰都有所不同，但各有风采，都十分的美丽。清初满族的女子大多喜欢在脑后梳一个平髻，人们根据发髻的形状给它起名，名称也有很多，比如：一字头、两把头、如意头、架子头、把儿头等。后来慈禧太后在一字头上加以创新，戴起了"大拉翅"。这个时候，才出现了清宫剧中常见的旗头。而当时汉族妇女发髻的样式可以说是多的数不胜数了。明朝就有的牡丹头、荷花头、钵盂头、一窝丝杭州攒，新兴的元宝头、苏州摆，可谓是花样繁多、层出不穷。

爱美是女人的天性，清朝的妇女也不例外，她们特别喜欢用各式各样的发饰来装饰自己。这些发饰大致分为鲜花、仿生花和金银珠宝三类。中国古代很早就有了簪花的习俗，不论男女都喜欢戴花。清朝时，满汉两族的妇女将这一习俗沿袭了下来，即便是穷人家的女孩子，

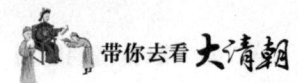

也喜欢在头上簪花。仿生花的出现也很早,大约在宋朝时就有人将细绢或丝制作成栩栩如生的假花,佩戴在头上。这些仿生花与真花相比,颜色更鲜艳,而且不容易凋谢,可以戴很长时间。清朝时的妇女还喜欢用翠鸟的羽毛制作点翠发饰佩戴在发间,电视剧《甄嬛传》中华妃娘娘就有一套点翠发饰,十分的艳丽。但是,据记载,用来制作点翠的羽毛必须从活着的翠鸟身上拔取。由于制作手法太过残忍,这项技艺几乎失传了。此外还有用金银和玉石制成的发钗,形状以花朵、叶子和禽鸟最为常见。

耳饰也是清朝女子重要的饰品之一。打耳洞这个习俗,可以说是自古流传下来的了,古代女子到了一定的年龄都会用针在耳朵上穿一个耳洞。在我国北方地区,甚至还流传着"临上轿现扎耳朵眼"的俗语。但对于清朝的满族女子来说,可就不止打一个耳洞这么简单了。满族的女子有每个耳朵上戴三件耳饰的习俗,即"一耳三钳",这意味着,她们要在每只耳朵上打三个耳洞。有的清朝贵族女子觉得汉族女子只佩戴一件耳饰很是端庄大方,就争相模仿,也只戴一件耳饰。结果她们的这种行为惹得乾隆皇帝很不高兴,乾隆皇帝严厉要求满族女子必须遵循祖制,佩戴三件耳饰。

清宫剧中妃子们的手上总是戴着长长的"假指甲",这是在清朝后宫中十分流行的"护甲"。古代的妇女喜欢蓄起长长的指甲,并为它们染上鲜艳的色彩。但是指甲长了就会很容易折断,为了保护指甲,人们发明了指甲套。护甲的材料也有很多种,夏季的时候戴玉护甲,凉爽舒适;冬季的时候戴锦护甲,保暖性好;春秋的时候就戴金银护甲,漂亮大气。

除了上面提到的这些饰品以外,清朝女子还喜欢佩戴戒指、臂环、足钏等饰物。《孔雀东南飞》中形容女子的手指时写道"指如削葱根"。为了美化自己的纤纤玉指,清代的妇女多喜欢戴戒指。除了装饰作用

第二章 纵览清朝时尚

以外，材质罕见、价格昂贵的戒指还可以向外人显示自己的富足。专门佩戴在拇指上的戒指叫作"扳指"，清代不论男女都喜欢佩戴这种首饰。"臂环"其实就是我们今天所说的手镯。除了在手腕上佩戴手镯以外，清朝人也喜欢在脚腕上佩戴镯子，因此就有了"足钏"。清代的男女老少还喜欢随身佩戴香囊或荷包。前者可以为人驱逐蚊虫，后者则可以随身带些零碎的小东西，因此十分受欢迎。

说了这么多有关清朝饰品的故事，我们再来谈谈清朝的绣品。刺绣在我国有着上千年的历史了。从汉代起，刺绣就成了中国古代女子必备的一项技能。在妇女勤劳灵巧的双手下，绣针和丝线翻飞，一幅幅精美的绣品呈现在世人面前。经过几千年的发展，刺绣的工艺已经相当成熟了。错针绣、乱针绣、网绣、挑花等针法错综复杂，湘绣、粤绣、苏绣、蜀绣、陇绣等流派各有千秋。到清朝时期，本就已经足够繁盛的刺绣工艺又得到了进一步的发展。不仅绣法上有了突破，连绣线的材料也变得更丰富了。用捻过的线和未捻的线可以分别绣出不同的效果；本就极细的线劈成绒，可以用来绣出人细腻的五官；用人的发丝和金箔这些从前想都不敢想的材料做绣线，竟然能绣出独特的效果；将孔雀的尾羽捻成粗粗的"雀金呢"，用它来缝补衣服；将棉花垫在绣线下面，就可以像浮雕一样绣出有立体感的绣品来……绣娘们发挥她们的奇思妙想，给清代的刺绣界带来一个又一个的惊喜。清代道光年间甚至出版了有史以来第一本刺绣专著《绣谱》。清代的玉堂富贵寿屏刺绣，绣品之精美、绣法之繁复、配色之和谐足以令人惊叹不已。

精致的发钗、华丽的绣品、温润的玉扳指……这一件件精美绝伦的物件，简直让人爱不释手。值得庆幸的是，清朝时期制作首饰和刺绣的很多技艺都流传了下来。

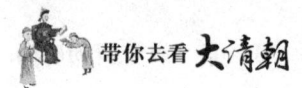

3. 清宫女子的旗头如何划分权力级别？

在以清代为背景的许许多多的宫廷剧中，我们总是能看到后宫中女人们的头上顶着各式各样的旗头。皇后、皇太后和各种妃嫔、格格脑袋上顶着的旗头都略有不同，莫非清朝的后宫里靠旗头来划分权力等级？事实上，旗头这种发饰直到晚清时期才出现，在清朝初期和中期的时候根本没有这种东西，又何来的用它划分权力等级之说呢？

还在东北地区生活的时候，满族妇女中最常见的发型就是"辫发盘髻"。未出嫁的小姑娘梳双髻，已经出嫁的女性则梳单髻。这种发型虽然不如中原地区汉族女子的发髻精巧，但胜在方便简单。毕竟是游牧民族的女性，很多时候也是要上马骑射的，如果拖着一个长长的"扬州摆"未免太不方便了。等到清朝入关以后，满族的妇女也跟随她们的父兄儿子住进了北京城里。汉族女子漂亮精致的发式吸引了满族姑娘的注意力，再也不用骑马射箭的她们开始模仿汉族人的发髻。随着文化逐渐融合，满族女子的发式也越来越丰富。此时，我们常见的"一字头"（又叫"两把头""如意头"）就出现了。

一字头呢，就是把头发都绾在脑后，用簪子把它们盘成一个"一"字形的发髻。从前面看，好像分成了左右两个发髻，所以又叫"两把头"。为了装饰头发，满族的女子们会在头上插各种各样的发

第二章 纵览清朝时尚

饰。这么多漂亮的发饰,女人们恨不得把它们全插在头上。可是用真发盘成的"两把头",发髻又小又低,根本插不了多少发钗。为了能戴更多的发饰,满族女子可谓是想尽了办法。她们用木头或铁丝做成"发架",再把自己的头发缠在发架上,梳成高高的发髻,这样就可以插更多的发簪了。但是有的人头发太少,用了发架再盘头,头发明显不够用。为了解决这个问题,她们梳头的时候会在自己的真发里再掺上假发。

到了清朝后期,慈禧太后琢磨出了一种新的发型——大拉翅。据说是慈禧太后老了以后,掉头发太严重,剩下的头发已经梳不起来"两把头"了,于是她干脆把头发在头顶上绾了个发髻,然后用黑色的缎子布做了个假的"两把头"顶在头上。然后这块黑色的缎子布就慢慢地演变成了旗头的头板,最初的时候,安好头板以后,人们还会在上面插上各种簪子、发钗和花,作为装饰。后来旗头越变越大,装饰也越来越少,以至于清朝末期的满族女子干脆顶着个黑漆漆、光溜溜的旗头出门。

旗头一般都是和便服一起穿的,因此就谈不上划分品级的作用。要说能够划分后宫品级的服制,还得是清朝前期,后妃和命妇们佩戴的各种冠帽。

清朝的太皇太后、皇太后、皇后、皇贵妃、贵妃、妃、嫔和诰命夫人等女子出席活动时,要根据场合的不同穿戴不同的冠服。就跟我们现在上班要穿工作服,回家要换家居服,参加舞会的时候要穿礼服是一个道理。

朝冠要在出席重要的庆典或祭祀仪式时佩戴,要与朝服配套。女朝冠分为冬夏两种,形制都是一样的。只是夏朝冠是用青绒制作的,更凉快一点;冬朝冠是用薰貂制作的,保暖性更好。皇太后和皇后的朝冠是一样的,冠顶都是三层,每一层上有东珠一颗、金凤一只。每只金凤上身上又有东珠三颗、珍珠十七颗，嘴里还各衔着一颗大东珠。皇贵妃、贵妃和皇太后、皇后的朝冠大体一样，只不过金凤嘴里衔的大东珠变成了大珍珠。妃的朝冠冠顶就只有两层了，每层上也有东珠一颗、金凤一只。金凤身上饰有东珠九颗、珍珠十七颗，嘴里衔着猫睛石。嫔的朝冠与妃的相似，只是金凤嘴里的猫睛石被换成了更低一级的玉石。等级较高的皇子福晋、亲王福晋和嫡公主固伦公主所戴的朝冠，皆为镂金三层，饰有红宝石和十颗东珠。往下亲王世子福晋、和硕公主，郡王福晋、郡主，皇孙福晋、贝勒夫人、县主，皇曾孙福晋、贝子夫人、郡君，皇元孙福晋、镇国公夫人、镇国公女乡君，辅国公女乡君等诰命夫人的朝冠与皇子福晋等人的朝冠相似，只是根据品级的不同，装饰的东珠的数量逐渐减少。简而言之就是品级越低，朝冠上的东珠越少，用作装饰的玉石越廉价。

　　女子的朝冠上还可装有冠饰，冠饰多少也是要按品级来的。皇太后、皇后的朝冠上可以缀上七只金凤，每只金凤上身上镶有九颗东珠、一颗猫睛石、二十一颗珍珠。朝冠的后面有一个金翟，金翟上有猫睛石一颗，珍珠十六颗，金翟下垂着五串珍珠。中间还有金衔青石结，结上有东珠和珍珠各四颗，结尾有珊瑚点缀。想象一下，就是顶了一脑袋金银珠宝的样子。皇贵妃和贵妃的冠饰比前一级少了金凤身上的一颗猫睛石和青石结尾的珊瑚，金翟下垂着的珍珠也只有三串。妃的冠饰更少，只剩下了金凤五只，每只身上镶着七颗东珠、二十一颗珍珠。冠后金翟上的猫睛石和珍珠数量没变，但垂着的珍珠就更少了。嫔的冠饰中干脆没有了金凤，只有金翟五只，上面镶有东珠五颗、珍珠十九颗，冠后的金翟上只有十六颗珍珠，翟尾的垂珠也更少。

　　虽然顶着这样一头货真价实的金子和玉石出席一整天的活动会累得脖子都快断了，但是清朝后宫的女人还是愿意自己头上有更多的金

第二章 纵览清朝时尚

凤和珍珠。一方面,美是要付出代价的,金光闪闪、珠圆玉润的首饰是真的好看;另一方面,这可是地位的象征啊,谁会愿意自己低人一等呢?所以即便是不出席活动的时候,她们也愿意在自己的头上插满各式各样的发簪,一来为了更漂亮,二来为了炫耀自己的地位和财富。

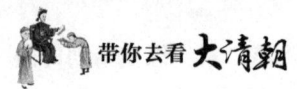

4. 清朝二十四节气穿衣指南

清朝使用的是中国人自己制定的"阴历"。那时候的人以务农为生,为了更好地指导农业生产和生活,人们根据季节规律制定了"二十四节气表"。那我们一起来看看,二十四节气表到底是如何帮助人们更好地安排生产和生活的。

立春是二十四节气中的第一个节气,一般在每年的二月三日到五日之间。"立"就是开始的意思,在清代,这一天不仅仅是春天的开始,也是一年的开始。一年之计在于春,在这一天的时候,人们会进行一种叫作"打春"的仪式,用柳条抽打泥牛,以祈求一年的丰收。立春标志着冬春的交替,但此时的天气仍然很冷,所以人们还是要穿着厚厚的棉衣。

立春之后半个月,就是雨水了。这个时候气温又上升了一点,雪都融化了,下雨的日子就更多了。但是这个时候气温很不稳定,可以说是"乍暖还寒",最容易感冒了。所以这个时候千万不能急着脱掉厚衣服,反而要严格地贯彻"春捂"策略。

雨水过后,很快就到了惊蛰。为了度过漫长的寒冬,很多动物都有冬眠的习惯。到了来年三月份,天气渐渐暖和起来,这些动物就纷纷苏醒过来,这个时候天空中往往还会伴有滚滚的春雷。连冬眠的动物都出来活动了,这个时候天气是真的回暖了,此时可以根据天气适当地增减衣物，但冬衣还是不能脱。

三月二十日前后进入春分时节，立春虽然是节气上春天的开始，但真正让人感觉到温暖明媚的时候却是春分。古人在这一天有竖蛋的传统，谁能把鸡蛋竖起来，谁就能交到一年的好运。此时天气虽然回暖了，但是仍有很大的概率出现"倒春寒"，所以还是要一如既往地"春捂"。

春分过后就是清明了，清明不仅是一个节气，更是一个重要的传统节日。清朝的时候，下至百姓上至帝王都会在这一天祭拜祖先。清明节前后天气就会回暖，但是在这一段时间里仍会有几次降温的雨雪天气，因此古人有"清明时节雨纷纷"的诗句。

清明之后就是春季的最后一个节气"谷雨"了。这个时候天气越来越暖和，但是昼夜的温差也更大了。往往是早晚特别冷，中午特别热。大家可以随身带件厚衣服，及时增减，千万不能嫌麻烦，更不能早早地把棉衣收起来。

转眼就来到了夏天的第一个节气，立夏。春天种下的谷物在这个时候已经都长大了。孩子们在这一天会玩一种"斗蛋"的游戏，用自己的鸡蛋碰对方的鸡蛋，破了的就算输了。这一天以后，在节气上就算进入夏天了，但是南方和北方的天气却存在很大的差异。南方地区已经十分暖和了，而北方地区只能说是刚刚不冷了。所以因地制宜，及时增减衣物十分重要。

随着谷物的籽粒逐渐饱满，二十四节气中的小满马上就到来了。天气越来越热，人们都逐渐换上了轻薄的衣物。

眨眼间芒种时节也到来了，这个时候是农民最忙的时候。芒种以后，北方高温多雨的天气开始了，南方也慢慢进入梅雨时节。民间有"未食端午粽，破裘不可送"的民谚，就是告诉我们芒种时节气候变化莫测，厚衣服还是不要急着收起来。

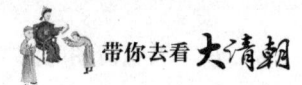

芒种之后就是夏至了，这标志着酷暑时节的真正来临。这一天之后，各地先后进入了一年中最热的三伏天。此时是真的要换上夏装了，还穿着厚厚的棉衣的话，很有可能会中暑。

夏至过后的小暑和大暑，要放在一起看。古人有"小暑不算热，大暑正伏天"的民谚，可见小暑时节虽然热，但还算不上真正的酷暑，最热的时候还在后头。清代人穿衣比较保守，即便再少穿也还是会把自己包的比较严实。此时想要消暑就只能靠喝冰水、扇扇子了。

小暑、大暑过去之后，夏天也就结束了，但热气却还没有褪去。立秋之后，气温逐渐下降，但是"秋老虎"的余威尚在，暑热的天气还会持续一个月。这个时候人们还是要少穿衣服，注意防晒。

暑气要消散时，就进入了"处暑"时节。按字面意思解释，此时暑气应该要消散了才对，但事与愿违，即便到了处暑时节，天气仍然会热上一段时间。民间有"处暑处暑，热死老鼠"的说法，所以这个时候还是应该穿薄一点的衣服。

处暑过去，白露来临，此时天气才真的开始转凉，各地区慢慢进入了秋高气爽的季节。民间有"处暑十八盆，白露勿露身"的说法，此时天气转凉，千万不要再打赤膊了，不然很容易着凉。

白露之后，马上就进入秋分，此时天气凉爽，十分宜人。等秋分过后，寒露就来了。民间有"吃了寒露饭，单衣汉少见"的说法，寒露过后，天气逐渐寒冷，此时穿单衣就有点冷了。

很快霜降到来，气温进一步下降，夜晚的露水凝结成霜降下。此时的气温甚至可以降到零摄氏度以下，需要开始添衣服了。

白露之后，就进入了冬天的第一个节气——立冬。这天过后，河水开始结冰，寒冬来临。人们会在这一天换上新的冬衣，走亲访友，民间还有立冬吃饺子的习俗。

冬天到来，北方各地纷纷开始降雪。二十四节气里与雪有关的两个节气分别是"小雪"和"大雪"。小雪过后,北方开始飘雪,气温骤降,人们需要防寒保暖了。紧跟着就是大雪,大雪之后天气越来越冷,降雪也越来越多。这个时候满族人喜欢穿貂皮的衣服,西北地区的人则多穿羊皮袄。年轻人可能还会出来滑个雪、堆个雪人,年老的人则干脆躲在屋里取暖。

半个月之后,冬至就到了。过了冬至,最冷的数九寒天才刚刚开始。此时除了穿得暖以外,人们还会吃很多热乎的东西,比如饺子。

数过一九、二九就到了小寒和大寒这两个节气。在这段一年中最冷的时节里,人们想尽办法防寒保暖,穿最暖的,吃热乎的,还进行各项运动。挨过这一个月,就又来到了立春,开始了新一轮的循环。

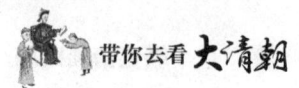

5. 大清的审美标准

人们对美的追求是不分时间、空间和地域的，但审美的标准却各有不同。那么在清朝，到底怎样才能算是个美女呢？

首先是发型，在前面一节里我们说了清朝的满族女子喜欢在脑袋后面绾一个"两把头"的发髻，而汉族女子则继续梳着传统的发髻。那额前的头发她们是怎么处理的呢？也会像我们今天一样留各种形状的刘海吗？答案是否定的。清朝的满族女子大多数都不留刘海，即便留，也是梳得特别整齐光溜的偏分，或者干脆剪得很短，紧贴在脑门上。所有阶层的女人都以露出脑门为美。

清代的眉形也很多样，柳叶眉、水弯眉、平眉和斜飞眉都很欢迎，画这几种眉毛的人也最多。柳叶眉两头尖尖，呈柳叶的形状，是比较受清代女子喜爱的眉形。这种尖尖细细、有一定弧度的眉形显得女子格外的温柔善良。水弯眉眉头粗，眉尾细，整条眉毛像一道波浪划破碧水。平眉又叫一字眉，近几年大热的韩国一字眉，其实早在清朝的时候，就有女子画这种眉形了。斜飞眉的眉形细长，而且向鬓角方向翘起，古人说的"斜飞入鬓"就是指的这种眉形。虽然在其他方面的审美上可能有很大的差别，但是清朝人和现代人对眉形的审美还是比较一致的。

漂亮的柳叶眉下会有一双怎样的眼睛呢？清朝的姑娘们也会像我

第二章 纵览清朝时尚

们一样画各种各样的眼影吗？答案恐怕要让大家失望了，清朝既没有大地色眼影，也没有桃花妆一样的眼妆。那时女子的眼妆大多强调素净自然，很少有人画浓重的眼妆。清人喜爱细长的眼形，为了营造出细长的感觉，大多数女子在化妆时会描一描上眼线，突出细长感，但也只是轻轻地描一描。

说完了眼妆，再来看看清朝女人的唇妆。古代描写女子漂亮的词句中，"樱桃小口"的出现频率特别高，清朝也不例外，清朝人在女性唇妆方面的审美标准由此就可见一斑了。为了迎合这种审美观，清代女子画唇的时候就尽量把自己的嘴画小一点。她们喜欢用艳红色的口脂，而且不会把整个嘴唇都涂满。最常见的唇妆，一种是上唇涂满，但下唇只涂中间一点；另一种则是上下都只涂一点。清朝早期和中期的时候，如果有女子把整个嘴唇都涂成红色的，一定会被人嘲笑是"血盆大口"。清末民初的时候，随着西方文化的传入，当时的女子才逐渐开始将口红涂满整个嘴唇。

除了五官的妆容以外，底妆也是清代女子化妆时重要的一部分。唐代以白为美，女子化妆的时候往往用大量的铅粉敷面。宋代以自然为美，当时女子的妆容也以素净自然为主。明代女子妆面明艳，脸颊颜色偏亮。清代则一反前代的传统，脸颊着色偏暗，整个妆面以橘色为主色，十分的雍容艳丽。不过这只是清朝宫廷中的审美标准，在民间，人们还是喜欢比较素净的妆容。

清人对美的追求不只体现在脸上，还反映在手和脚上。从古至今，人们对于纤纤玉手的审美追求可以说是"从一而终"、十分稳定了。不管是王公贵族还是官宦人家的女子都渴望有一双柔软白嫩的玉手。慈禧太后直到晚年的时候，每天早上仍然会用热水掺上花瓣泡手。连身边的宫女都十分羡慕"老佛爷"的这双手。

清朝入关之前在东北地区过的是游牧生活，因此满族的女子都不

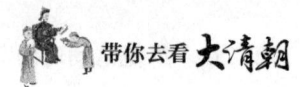

缠脚。而汉人中，达官贵人家的妻子、女儿都要从小开始裹脚。女孩子年幼的时候，家人就用白布将她的脚掌裹上，并且日复一日地用裹脚布缠脚。这使很多汉族女孩子变成了连走路都摇摇晃晃的残疾人，但当时的人们却以此为美。满族妇女入关以后看到汉族女子那小巧的三寸金莲和似微风拂柳一样的身姿十分羡慕，于是她们也开始偷偷地裹脚。后来皇帝得知这件事以后，下令严禁满族女子裹脚，清朝贵妇这场追求小脚的风气才有所收敛。但是当时民间仍然以小脚为美。

在仪态方面上，清朝人的审美也与我们出入很大。现在的女孩子都追求前凸后翘的魔鬼身材。爸爸妈妈也从小就教育我们"肩膀一定要打开，背一定要挺直，千万不要驼背"。但是在清代，溜肩驼背和平胸却是当时的流行趋势。男权社会要求女性必须温顺贤良、小鸟依人。到底怎样才能更小鸟依人一点呢？那只有通过驼背溜肩和含胸来尽量放低自己的姿态了。在清朝的女性图像中，溜肩探脖含胸驼背的女性随处可见，这也从侧面说明了当时清朝人的审美倾向。

实际上，自信的女性才是最美丽的。不管什么时代，我们都没有必要为了他人的评价而刻意地去追求不符合自己的美。只要大大方方地展现出自己的风采，微笑着面对一切，你就是最美丽的姑娘了。

6. 大脚小脚，女性如何在清朝立足？

要说清朝的特色，除了长袍马褂、补服顶戴，大概就是女性那双小脚了。关于缠足的风俗到底起源于何时还无定论，但是，可以肯定的是，在清朝，最早明中期以前，女性缠足的比例不大，而且缠足的形式也根本不是我们现在从照片上见到的那种，而只是用布将比较宽的脚掌束缚起来，使整个脚看起来更纤瘦、更好看而已。而到了清朝，清朝统治者对女子缠足非常反对。在入关前，皇太极就曾经下旨说："有效他国衣冠、束发裹足者，治重罪"，后来孝庄文皇后下谕"有以缠足女子入宫者斩"，这些都表明了清统治者对满族妇女缠足的态度。顺治十七年（1660）曾经下诏，要求天下女子不再缠足，终因积习难改，最后不了了之。但对八旗女子从未开禁，且多次正式、非正式地重申禁令。

既然清政府多次下旨严禁缠足，那么反过来也就说明，实际上当时缠足的现象有多严重。

很多人看过清朝女性缠足后足部的照片，知道要达到这样一种畸形的程度过程中会遭多大的罪。这就会让我们产生疑问：既然缠足这样残忍，那么为什么会有这么多的人去缠足呢？实际上，在下层小生产者、手工业者、底层民众中女性缠足的比例不大。但是在地主、知识分子、汉族官僚家庭中，缠足的比例几乎是百分之百。说得直白一

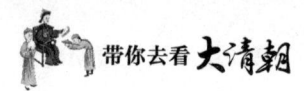

点，在当时，缠足似乎是一种身份的象征。为什么这么说？

缠足其实隐含着这样的潜台词：我家女儿缠足，说明我们家不需要女人从事生产劳动，家庭条件比较好；而且我女儿一定是从小就未曾在外抛头露面（缠足要从很小就开始，缠足之后行走不便），那么到夫家后也会专守内宅，不会跟外面的不良之人有接触，其贤良贞洁是可以保证的。当然，那些变态的审美情趣也是不可宣之于口的原因之一。

而女孩子不缠足，只能说明相反的问题：这一家需要女人出出进进操劳，因此家庭一定不富裕，是小门小户，并且这样的家庭一定顾不上女孩子的教养问题，这样的女子娶来后如何相夫教子？还有，既然要出入，那一定少不了抛头露面，娶来后会不会出现败坏门风的问题？

说了这些，实际上大家也看出了一些问题：是否缠足隐晦地表露了女家的家庭出身、教养高低，而其目的，只有一个：给缠足的女子找一个门当户对甚至是更好家庭的婆家。或许，有的读者会反驳：你的意思，缠足只是为了找个好婆家？我说：是的。退一步说，封建礼教和流俗的推波助澜也是重要原因。

这实际上反映了当时一个很深刻的社会问题：清朝女性在整个社会中的地位。引申开来，除了嫁一个好婆家，女性还能如何立足？

明清时期，中国的封建社会达到了顶峰。与此同时，程朱理学开始兴盛，伴随的"三从四德""饿死事小，失节事大"（原意并非针对妇女，但是到清朝时期已经成为专门针对妇女的要求了）等封建礼教对人民，特别是女性的压迫也更加沉重，对女性的控制逐渐加强。

而在这样的社会背景下，大脚、小脚女性又都是如何在社会上立足的呢？

清朝的大脚女性，大部分都是因为家庭原因，需要女性出出进进帮助家庭养家糊口，而这样的家庭，本身就处在社会的底层，这样的家庭，女性在家里的地位可能并不是多么低下，但是说到社会地位那就无从谈起了。

而对于小脚女性来说，因为小脚，几乎丧失了劳动能力以及自主行动的能力，所以只能退居到家庭中相夫教子，其社会地位，可以说，只是父权、夫权的附庸而已。而且，为了增强对女性的约束，在封建礼教的压迫下，更进一步形成了扭曲到极点的观念，就是女性的"贞洁"。姚元之的《竹叶亭杂记》卷七曾记载了一个事例：道光十一年，安徽桐城发生水灾。大水中，一女子躲避未及，水快要淹到腰部了，有一男子伸手救援，拉了一下女子的左臂。女子呼号大哭："我几十年的贞节，怎么能让陌生男子污了我的左臂。"抢下一起逃难者带的菜刀，将左臂砍下。

但是，在这样一种妇女地位被贬低到最低的社会环境里，也有与众不同的，那就是旗人家的女性，她们可以说是整个大清朝地位最高的一群女性了。

举几个例子。首先，政府对旗营中的妇女有优抚措施和特殊的物质待遇。比如"红事银子"，就是旗营里有婚嫁时，档子房就会上报，另外还分发给男女双方"红事银子"以示祝贺。注意，是男女双方都有。再如禄米，旗营中未嫁女子均有禄米，每季发一次。再如孤女钱粮，在旗兵死后，若仅遗存生女一人，无兄无弟或兄弟尚小，则钱粮照发给这女子。另外还有白事银子和寡妇钱粮等。

其次，旗营中的妇女还有一些其他的权利，比如家谱中可列女儿乳名，结婚出嫁者须注明男方地点、旗籍、门第、姓名——在汉族人的传统中，这都是男性才享有的权利。也允许营内知己的妇女、女孩结为异姓姐妹，也就是"义结金兰"。姐妹结拜后，多以大爷、二爷、三爷、四爷……相称。另外，允许女孩子穿满族男装，并可练习

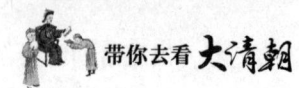

骑射；旗营学房中的学长一律由女孩子担任，官称"大师姐"，即使有的男孩子岁数大一些，也得称呼"大师姐"；旗营女子不得缠脚；等等。

另外，"姑奶奶"在娘家有绝对权威，说话算话，可以拍板定调，比叔叔、伯父说话都管用，娘家大小事都要先征求"姑奶奶"的意见方可去办。

第三章

舌尖上的大清

导语

俗话说得好：民以食为天。不论在什么时候，填饱肚子都是最重要的。在清朝，老北京的街头巷尾有怎样的美食？王公贵族们吃的玉盘珍馐到底有多精美？清末民初，连慈禧太后都爱不释口的"番菜馆"里的西洋菜正不正宗？让我们带着这些疑问，一起用味蕾探个究竟。

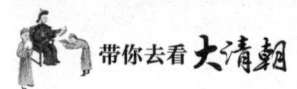

1. 一探大清酒文化

在我国,酒和酒文化的产生可以上溯到新石器中期以前。出土的文物表明,古人早在那个时候就已经掌握了酿酒的技术了。但是早期的酿酒技术还很落后,酿出的酒也很粗糙,可以说是浑浊的"农家腊酒"。经过几千年的发展和积淀,在清朝,酒文化的发展到了一个集大成的时期。在这个时期,不论是酿酒技术还是酒桌文化都达到了一个繁盛期。

我们今天吃粽子的时候有南粽和北粽之分,在清朝酒也有南酒和北酒的区别。南酒指的是浙江地区的米酒,以绍兴的黄酒为代表。说到绍兴黄酒,不得不提一下当地的花雕酒。花雕酒又叫"女儿红",关于这个名字的来源,有一个特别有意思的故事。据说有一个酿酒商,他的妻子很久才怀孕。到了分娩那天,酒商的夫人生下了一个女儿,酿酒商十分开心,就酿了十几坛酒埋在院子里的大树下。十几年后,酒商的女儿出嫁,夫妻俩在家里摆了十几桌酒席,客人们喝的正开心的时候,突然发现没酒了。酒商十分着急,正不知如何是好的时候,他突然想起来,树底下还埋着十几坛酒呢。酒商让家人赶紧将这十几坛酒挖出来,招待客人。酒坛子一打开,一股酒香扑面而来,客人们纷纷夸赞并为其取名"女儿红"。后来在当地就形成了一个习俗,生女儿的时候就酿上一坛"女儿红",等女儿出嫁再取出来。若是生了

第三章 舌尖上的大清

男孩,也酿上一坛酒,取名"状元红",祈求孩子能仕途顺利。说过了"南酒",我们接着再来说"北酒"。北酒一般指的是京津冀鲁豫等地的烧酒,这些地方的烧酒以酒精度数高而闻名。我们今天耳熟能详的茅台、五粮液和二锅头等酒品,早在那个时候就已经崭露头角了。

除了我们上面提到的这几种酒以外,新丰酒、兰陵酒和汾酒在当时也是久负盛名。新丰酒的来源与汉高祖刘邦有着密不可分的关系。刘邦的老家在新丰,他称帝以后就将父亲接到了宫里。刘太公年纪大了,思念故土,尤其怀念家乡的美酒。刘邦为了帮父亲一解乡愁,就将新丰县酿酒的师傅请到了宫里。如此一来,新丰酒名噪天下,一直流传到清朝仍十分受追捧。兰陵酒的历史更是悠长,早在商代就已经有人酿造兰陵酒了。历朝历代的风流名士都曾拜倒于兰陵酒的坛下,连诗仙李白都不例外。清代的时候,大学者王士祯也曾经在诗中提到"兰陵十千酒"。可见美酒真的可以超越时间和空间的限制,俘虏一代又一代人的味蕾。

清朝人不只可以享受到这些名扬千古的名酒,在不同节日,他们还可以饱饮新鲜的时令酒。在元日的时候喝屠苏酒,过端午节的时候喝菖蒲酒或雄黄酒,过重阳节的时候喝菊花酒……这些习俗古已有之,在清代的时候更是受到男女老少的欢迎。

虽然有各种各样的美酒,但如果不会喝的话,恐怕也只是白白浪费了玉露琼浆。古人在喝酒的时候,总是喜欢玩各种助兴的游戏。魏晋南北朝的时候,文人雅士喜欢玩一种叫"曲水流觞"的行酒游戏。几个人沿着弯曲的水流坐着,水中放上一个酒杯,酒杯停在谁面前,谁就要作诗一首,若是作不出来,就要罚酒一杯。到了清朝的时候,行酒游戏的种类也越来越多。清代名著《红楼梦》第五十四回里,贾府众人聚在一起吃吃喝喝,大家玩到兴头上时,"凤辣子"王熙凤向贾母提出要"击鼓、传梅"。鼓声一停,红梅落在谁手里,谁就要饮酒一

杯,还得给大家讲个笑话。于是下人们忙搬出一面黑漆铜钉花腔令鼓,并往席上放了一枝红梅。众人在鼓声里忙手忙脚地传着梅花,生怕它落在自己手里。这里击鼓传梅的游戏,大约就来源于"曲水流觞"。除此之外还有一种比较古老的酒令,叫作"射覆"。《红楼梦》第六十二回里,几个姑娘家聚在一起吃酒,为了找些乐子便抽了几个行酒令来玩。平儿抽到的便是"射覆"。射覆从古便有,大概类似于我们今天的猜谜,不过这个谜语有点难,基本上都是"地狱"级别的。估计大观园里的姑娘们也觉得"射覆"太难了,故而又抽出个"拇战"来。这么听这个行酒令,大家一定很陌生。但若是说猜拳的话,大家可能就容易懂了。虽然可能具体玩法不同,但大概就是这个意思。

除了行酒令以外,古人还讲究喝酒要守礼,要饮而有度。怎么才算饮而有度呢?就是喝着喝着觉得自己醉了,就赶紧下桌,别等到烂醉如泥、瘫倒在酒桌上喊不起来或钻到桌子底下撒酒疯,这都是失礼的表现。同桌的人不要一味地劝酒,觉得别人都快醉了,还逼着人家喝,这就缺德了。但是在清朝你会发现,那些曾经被人们引以为戒的酒桌礼仪好像不见了。事实上,的确如此。明末清初的思想家顾炎武就曾经在他的作品中批判过这种情况,他直言人们把酒德、酒礼都摒弃了,酒禁松弛一定会伤身致疾、乱性败德。

清朝的酒文化里的确有糟粕,但这并不影响我们看到它的精华。

2. 清朝宫廷饮食文化与民间小吃

民以食为天，美食这条脉络贯穿了中华文明上下五千年的历史，让我们沿着历史的轨迹去看看清朝人都吃些什么吧！

满族最初生活在东北地区的白山黑水之中，以打猎和农耕为生。关外天寒地冻，狩猎和耕作又特别费力气，因此他们不得不吃大量的肉和面食，来补充身体所需的热量。入关以后，大量的八旗子弟住进了北京城里。北京的气候可比关外温和多了，四季分明，一年里只有冬季比较冷。即便是北京城最冷的时候，和关外的寒冬相比，也不过是小巫见大巫罢了。为了适应关内的生活，他们调整了自己的饮食习惯。

就拿皇宫里的饮食来说吧，宫里的菜肴不仅保留了满族的传统饮食，还增添了许多汉族的品类。马背上的民族一般比较豪放，食物的烹调一般也比较简单粗糙，而且以肉食为主。清朝的皇帝住进紫禁城后，保留了前朝皇帝"尝鲜"的传统。所谓"尝鲜"，就是让全国各地的官员按时令将当地的"时鲜"进贡给宫里。岭南的荔枝、新疆的哈密瓜和葡萄、江南的鲜虾鱼蟹、新下来的茭白和竹笋……全国上下最好、最顶尖的美味，通通被送进了宫里，送到了皇帝的嘴里。

除了食材更丰富以外，御膳房做出的食物也越来越精致了。清朝早期御膳房做饭时保留了在关外时的习惯，肉切成大块，洗一洗弄熟

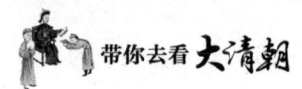

了就直接盛在大碗里端上桌。随着文化的不断融合,受食不厌精的饮食文化的影响,清朝贵族也开始追求更加精致的菜肴。

当时清朝的朝廷里,既有满族官员,也有汉族官员。满汉两族的饮食习惯有很大的差别,宫中宴请百官时,为了照顾满汉官员各自的饮食习惯,席上往往既有满族菜式又有汉族菜式。后来官员们私下里请客吃饭的时候,也纷纷仿效这个模式摆宴,久而久之,人们就给它起名"满汉全席"。

满汉全席的菜品和数量并没有明确的规定,往往根据宴请的对象、场合和主人家的财力而定。后来,随着民族的融合,满汉席上除了满汉两族的菜式以外,还加入了其他少数民族的菜肴。虽然没有明确的规定,但能称得上是满汉全席的筵席,规模一定不会小。乾隆年间有一个叫李斗的文人,他曾经写过一本《扬州画舫录》,书里有一份满汉全席的菜单。根据他的记载,这次满汉全席有热菜冷菜一百九十六道,点心茶饮一百二十四道,整个筵席一共有三百二十道菜肴,可以说是应有尽有了。

虽然宫里的玉盘珍馐不是人人都能吃上,但也别灰心,在清朝的街头巷尾随便逛上一逛也能收获许多地道的美味小吃。说到清朝的民间小吃,不得不说的就是"驴打滚"了。驴打滚又叫豆面糕,是用豌豆粉、黄豆粉或糯米粉混在一起蒸熟了,裹上红豆豆沙做成的糕点。豆面糕一般切成小段卖,卖之前要裹一层炒熟的豆面,有的还要撒白糖。那好好的豆面糕为啥要叫驴打滚呢?原来,老北京人觉得往糕上裹熟豆面的这个过程就好像驴就地打了一个滚一样,所以就管它叫驴打滚了。

褡裢火烧也是老北京的名吃之一。之所以叫褡裢火烧,是因为这种火烧的形状很像清朝的时候,人们系在腰间放东西的"褡裢"。光绪年间的时候,有一个叫姚春宣的顺义人到北京城讨生活,夫妻二人在北京街头开了家店卖起了火烧。他们家的火烧，外面用温水和面做皮，里面用猪肉做馅，掺上葱、姜、蒜调味，放在油锅里煎到两面金黄，外酥里嫩的，特别好吃。慕名前来的客人越来越多，店里的生意也越做越好。夫妻俩老了以后，两个徒弟就接手了这份生意。

从关外带进来的满族美食也不少，北京饽饽就是典型的例子。饽饽原本是满族人的主要食物，一般用面粉、糖和油做成。清朝统治者入关以后，它就成了宫里祭祀用的糕点。后来这种简单易做的食物传到了民间，成了深受老北京百姓喜爱的糕点。

除了宫里的御膳和民间的小吃，部分清朝人对美食的狂热追求，还催生出了一系列变态的"美味"。清朝的达官贵人和富商巨贾们吃腻了平常的饭菜，就开始想要找些"新鲜"。如"活烧鸭掌"和"生吃猴脑"，残忍血腥，受到了时人的反对和抨击。

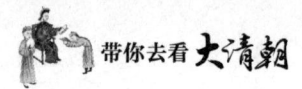

3. 从皇帝衣食住行看皇室生活

清代的帝王们作为一国之主，从小就是含着金汤匙出生的，在无数人的关注下成长和生活。但这种生活到底是什么样儿的？让我们从清帝日常的衣、食、住、行入手，来看看那时的"贵族生活"吧。

首先来看清朝皇帝的"衣"。在前面"王公贵族穿什么"一节中，我们就已经详细地介绍过他们在日常生活和特定场合中要穿的衣服了，在此我们就不再多说了。

接下来我们来介绍一下清朝皇帝的"食"。在清朝，皇帝和皇室人员的饮食一般由内务府下属的御茶膳房负责，御茶膳房也就是我们平时所说的御膳房。一开始，皇宫里只有一个大的御茶膳房，负责宫里上上下下几千人的饮食，后来出现了各式各样的小厨房，有专门给皇子准备饮食的皇子饭房和茶房，有专门为内廷诸臣和各处侍卫提供饭食的侍卫饭房，寿康宫里还有专门给太后和太妃们做饭的茶膳房。御茶膳房可不单单是一个厨房，在它的下面还按职能的不同分出了许多部门。比如：专门给皇室人员提供主食的部门叫"饽饽房"，专门负责采购和储存蔬菜的叫"菜库"，专门负责存放和采购各种调料的部门叫"酒醋房"。

按规定，清朝皇帝一天吃早晚两顿正餐。第一顿是早饭，在早上的六七点钟吃。第二顿是晚饭，虽然叫"晚饭"但实际上在中午十二点

第三章　舌尖上的大清

到两点之间吃。除了这两顿正餐以外，晚上六点还会吃一顿"晚点"，又叫小吃。时间虽然有规定，但吃饭的地点却没有限制，皇帝想在哪儿吃就在哪儿吃。皇帝要吃饭的时候不能直接说"我饿了，我想吃饭了"，而要说传膳、用膳或进膳。身边伺候的太监将传膳的命令一层层地传令下去，这头话音未落，那头侍膳的太监已经捧着食盒走出御膳房了。皇帝吃一顿饭，桌上要准备几十道菜肴和茶点。而且除非节日宴饮或得到皇帝允许的特殊情况，否则一般情况下，任何人都不能和皇帝同桌吃饭。因此很多时候，皇帝要一个人面对这一整桌的美味佳肴。吃是肯定吃不完了，这么多菜只是摆摆样子，走个过场就撤下了，倒掉未免太可惜了，所以剩下的菜一般都被赏给了底下的人。按照宫里的规定，皇帝、皇后和皇太后剩下的饭菜可以赏给妃嫔、皇子、公主和大臣们，妃嫔、公主和皇子再吃剩下的那就只能赏给底下的太监和宫女们了。御膳房里每次为皇帝做饭的时候，都要把用的原料和调料一一记下来，而且给皇帝做饭的时候不可以随便更改调料的用量和饭菜的味道。这种记录详细到什么地步呢？打个比方，乾隆皇帝即位以后，有一天跟身边的人说某年某月某日吃的一道什么菜真是太好吃了，现在还想吃一遍。那么御膳房就能立刻查到那道菜用料，并做出一道色香味一模一样的来。虽然是皇帝，但是他日常饮食的份例也是有规定的，一天里用的鸡鸭鱼肉和蔬菜水果的数量不能超过这个量。实际上，光是份例内的东西就已经吃不完了。

　　皇帝泡茶用的水也是专门从很远的地方拉来的。皇宫里有七十二眼水井，但这些井里的水都不是用来喝的。乾隆皇帝喜欢饮茶，他在位的时候曾经访遍了北京城附近所有的山泉，最后将玉泉山上的山泉定为宫里的饮用水。后来皇宫里用的饮用水就都是当天从玉泉山运回来的玉泉水了。

　　说完了"吃"，我们再来聊聊"住"。皇帝住的紫禁城可以分为

"外朝"和"内廷"两个部分。外朝以太和殿、中和殿和保和殿为中心，是皇帝处理国事、政务，颁布诏令，进行祭祀，宴请外藩与新科进士的场所。内廷以乾清宫、交泰殿和坤宁宫为中心，是皇帝和皇室众人居住与活动的地方。按规矩，皇帝应该住在乾清宫的西暖阁里，但只有顺治和乾隆两代皇帝住进去过。雍正即位后没有住进西暖阁，而是搬进了养心殿的后殿，后来的皇帝便都效仿他住在养心殿里。皇帝晚上睡觉也是在自己的养心殿里，如果需要妃子侍寝的话，也是妃子到养心殿来。而且这些妃子是不能和皇帝一起过夜的，侍寝完了以后，会有太监把她们抬到养心殿旁边的偏殿里。而皇帝则要自己在寝殿里睡一晚上。内廷里还有御花园和如意馆，御花园就是一个大花园，如意馆则是宫里的匠人们工作的地方。皇帝处理公务累了以后会到御花园里散散步，或到如意馆里观看这些心灵手巧的匠人工作。实际上，皇帝很多时候都不住在紫禁城里，他们每年都会去圆明园、颐和园、热河行宫、奉天行宫或西安行宫中。

除了衣、食、住以外，皇帝的出行也有很多的讲究。古人有"安土重迁"的传统，每次出行都要祭路神，皇帝出行更是有过之而无不及。皇帝每次出远门之前，都要先派礼部官员去天坛、地坛、日坛和月坛祭祀。然后让钦天监的官员挑一个黄道吉日，出发之前还要祭祀路神。皇帝出行要乘坐专门的车轿，叫作"龙车凤辇"。乾隆以前，五辇分别是：玉辂、大辂、大马辇、小马辇、香步辇。乾隆皇帝在位的时候，将大辂改为金辂，大马辇改为象辂，小马辇改为革辂，香步辇改为木辂，然后将其并称为五辂。而新的五辇则是玉辇、金辇、礼舆、步舆和轻步辇。玉辇是三十六人抬的，金辇是二十八人抬的，礼舆和步舆都是十六人抬的。从此以后清代皇帝的辇舆制度就确立下来了。

4. "番菜馆"？清代也能吃到正宗西餐？

清王朝的最后几十年，西风东渐的潮流越来越深入地影响着这个没落的大帝国。越来越多的洋东西进入了清朝人的生活之中，洋纱、洋布、洋火、洋油……这些国外传入的先进工业品无孔不入，冲击着人们的生活，就连外国人吃的"洋餐"也逐渐传了进来。

慈禧太后对于从西方传入的很多新鲜玩意都是很反感的：火车，她怕开动以后轰隆隆的响声惊动了皇陵里安眠的老祖宗；汽车，她觉得坐在后面的座位上有失身份；自行车，她觉得摇摇晃晃的不够端庄稳重……唯独对于西方的饮食，慈禧太后十分喜欢，几乎到了"爱不释口"的地步。宫中的女官德龄和她的妹妹容龄是中法混血，在国外待过一段时间。为了方便了解国外的事情，慈禧太后把这两个女孩子召进了宫里。在德龄和容龄的介绍下，慈禧太后了解到了很多外国的知识，西洋饮食就是其中一个。慈禧太后本来就特别喜欢吃，遇上外国食物之后更是一发不可收拾。据记载，慈禧太后特别喜欢吃法国的面包，她经常把这种黄澄澄的面包当茶点吃，一次能吃上很多。慈禧太后不仅自己喜欢吃西餐，还经常将吃剩下的面包和菜品赏给宫里的嫔妃和下人们，让他们也一起开开"洋荤"。逢年过节招待大臣们，或者邀请各国公使和公使夫人们吃饭的时候，慈禧太后也会让御膳房为他们准备一顿丰盛的西餐。

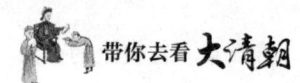

慈禧太后对维新变法没有什么兴趣，但对于吃这件事情却是马虎不得，一定要赶个时髦的。在她的带领下，吃西餐逐渐成了宫里的一个潮流。上有所行，下有所效，宫里的达官贵人们这么喜欢西餐，宫外的人们自然懂得投其所好，经营一些出售西餐的店铺。在那个时候，这些卖外国餐的店铺往往被称为"番菜馆"。清朝末年，国势已经衰微了，但是人们往往不愿意承认这个事实，还保留着天朝上国的傲慢姿态。对于从西洋来的新鲜事物，人们一面特别好奇，一面又特别鄙夷不屑。为了凸显自己高高在上的地位，清朝人往往给这些从西洋传入的东西的名字前加上"夷"或者"番"等字眼，因此那时的西餐厅往往被称作"番菜馆"。

老北京城里的第一家"番菜馆"叫作"撷英番菜馆"，从它以后，老北京城的"番菜馆"就如雨后春笋般层出不穷。每年夏天，慈禧太后都要和光绪帝去颐和园里避暑消夏，在前往颐和园的路上有一家"畅观楼番菜馆"。每次路过西直门外的这家"番菜馆"时，慈禧太后和光绪皇帝都要进去大快朵颐一番。畅观楼番菜馆在老北京城有些很多年的经营历史，但是后来不知道什么原因，这家"番菜馆"倒闭了。不过，很多年后北京城里的老人们对它曾经门庭若市的盛况还是记忆犹新。

清朝末年的"番菜馆"大多是出过国、留过洋的比较进步的中国人开办的，来"番菜馆"吃饭的也大多是中国人。"番菜馆"的大量出现，不仅将国外的食物传到了中国，还把西方人的餐桌礼仪带到了中国。用刀叉吃饭、喜欢冷食的习惯被当时上流社会的人们广为推崇。同时，为了适应中国人的饮食习惯，厨师们也对西餐进行了一些改造。比如，在一些食材的应用上，中国的西餐师傅们大胆尝试，把鲍鱼、燕窝等传统的食材用于西餐的制作。鳜鱼是中国的特产，松鼠鳜鱼、臭鳜鱼等都是中餐菜系里的名菜，但是在正宗西餐里却很少甚至几乎

第三章 舌尖上的大清

见不到鳜鱼的身影。"番菜馆"里的师傅们"中菜西做"，用西餐的做法烹调出了许多美味的鳜鱼菜品。在传统的中餐食材被用来制作西餐的同时，很多国外的食材，比如番茄、洋葱、奶油和咖啡等也传到了国内，成了中国人餐桌上常见的食材。

除了老北京城以外，被迫开放通商的几个口岸城市里，比如上海，也有大量的"番菜馆"和西餐店。清政府被迫开放五口通商以后，许多的外国商人纷纷来中国做买卖，有些人长期住在中国。为了解决来中国经商的外国商人的吃饭问题，有许多的外国人在上海等城市开起了西餐店。最开始，这些西餐店都是由外国人经营，对外国人开放的，很少会有中国人到里面去吃饭。但随着中外交流的不断深入，很多中国人开始了解并且喜欢上了西餐。于是由中国人经营的，面向中国人开放的"番菜馆"就逐渐出现了。

最开始，"番菜馆"里卖的西餐的种类很少，只有比较常见的面包、牛排等，后来慢慢地种类越来越丰富，数量也越来越多，西餐里的咖啡、西式甜点等也都开始出现在"番菜馆"的菜单上。而且一开始的时候，"番菜馆"是针对上流社会的人群开放的，菜价比较贵，一般只有比较有钱有势的人才能吃得起西餐。后来，面向中下层群众的廉价实惠的"番菜馆"开始出现，生活不太富裕的工薪阶层也可以吃到西餐了。但是那些真正穷苦的百姓还是什么都吃不起。

西餐的出现，丰富了清朝人的餐桌，并将很多的西式食材和烹饪方法带到了中国，给中国的传统饮食注入了新鲜的血液。

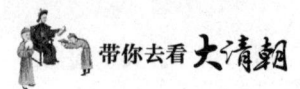

5. 谁有资格参加千叟宴？

你知道什么东西最能聚集一个国家的特色食品吗？当然是宴会。这些宴会可不是一般的家庭宴会，而是指国家层次的一种宴会。说到这样的宴会，清朝还真有很多，其中最著名的就是千叟宴和满汉全席了。

虽说千叟宴参加的人数不少，可这千叟宴是人人都可以参加的吗？这就未必了。"叟"字必定与老人有关，不难看出，这是属于清朝老年人的福利了，这是一场邀请老年人参加的宴会，而且是免费的，并且是到宫中可以与皇帝一同畅饮的盛宴。

千叟宴是清朝宫廷的大宴之一，清朝的第一次千叟宴是由康熙皇帝亲自主持举行的。康熙五十二年（1713）农历三月，恰逢康熙皇帝玄烨的六十大寿，在这样一个高兴的日子，康熙当然也要与民同乐，于是突发奇想，决定在畅春园举办一场极为盛大的宴会，宴请从天南海北赶来京师为其祝寿的老人，只要是65岁以上的老人，不论你是什么身份，官员也好，平民也好，富裕也好，贫瘠也好，一律有资格参加畅春园的盛宴。就这样，许许多多的老人都被请到了宫内，参加这场足以让他们受宠若惊的宴会了。

这次眷顾全国老年人的专属福利，声势可谓极其浩大。宴会的彩棚，从西直门一直搭到畅春园，长达20里的距离。三月二十五日当

第三章 舌尖上的大清

日，参加宴会的 65 岁以上的老人共有 1846 人，所有的皇子、皇孙、宗室子孙，只要年纪在 10 岁以上 20 岁以下，都要出来为老人们敬酒、分发食物。

三月二十八日，在畅春园皇太后的宫门前，又宴请了 70 岁以上的八旗老妇，90 岁以上的就席宫门内，80 岁以上的就席丹墀下，其余均在宫门外。

如果仅限于此，那你可能还不会立马涌现一种羡慕清朝老年人的冲动。80 岁以上的老人，还有机会被搀扶到康熙皇帝的面前亲视饮酒，并且还会获得赏赐的银两。

数千位老人欢聚一堂，共同为康熙帝祝寿，为了记载这其乐融融的一幕，康熙为此赋诗一首《千叟宴》，"千叟宴"的名字便由此而来。

千叟宴规模宏大，赴宴人数众多，是一场极为耗费人力、物力、财力的宴会，清朝时期曾举行过几次，而且均集中在康熙和乾隆两朝。

乾隆六十年（1795），乾隆皇帝已经年过八旬，但仍下令再举行一次千叟宴。此次千叟宴是历史上规模最大的一次，参加宴会的老人已经多达 5000 人了。

举行这样大规模的宴会，自然是要经过冗繁的准备了。早在半年前，朝廷就已经开始了宴会的筹备工作。远在边陲的老人，需要提前几个月赶路前往京城，水路兼程，毫不停歇。而宫殿内也同样丝毫不敢懈怠，所有的宫门、殿宇都要重新粉饰，因为人数众多，所以还要从全国各地源源不断地运输炊具、厨具、餐具、菜肴原料等必需品。

当然，提到宴会，我们最感兴趣的肯定还是美食，千叟宴作为中国饮食文化中的一次重大展示，具有什么别样的特色呢？

当时的清朝仍然是一个等级制度森严的时代，虽然已经出现了皇室宴请平民老人的景象，但要彻底突破等级这道防线依然是困难重重。在千叟宴开始之前，御膳房需要根据赴宴者的官职品级的高低，预先

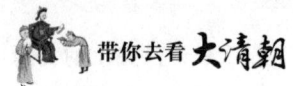

摆设席面，宴桌有一等和二等之分，一等为王公、一二品官员以及外国使节，二等为三品至九品官员和没有官职的平民百姓。

一等桌设有两个火锅，银、锡火锅各一个。猪肉片、羊肉片、鹿尾烧鹿肉、煺羊肉乌叉各一盘，四碗荤菜，两盘螺蛳盒小菜，蒸食寿意、炉食寿意各一盘，另外还有肉丝汤饭，乌木箸两只。二等桌换成铜制火锅两个，鹿肉换成烧狍肉一盘，其余均一致。一二等桌宴的差别并不是很大，不过在清朝的千人盛宴上，火锅能够作为主要料理，由此可以看出火锅的美食地位。

宴会结束后，乾隆皇帝还向赴宴的老人们颁发如意、寿杖、貂皮、银两等物，人数之多，耗费的财力自然也多，有学者统计过，举行这一次宴会就要耗费一百多万两白银。此外，还有学者统计过此次宴会耗费的食材，根据中国第一档案馆馆藏的清宫内务府档案《御茶膳房簿册》做出具体统计，白面750斤左右，白糖36斤左右，香油10斤左右，鸡蛋100斤，猪肉1700斤，菜鸭、菜鸡各850只，肘子1700个，玉泉酒400斤，烧柴3848斤，炭412斤，煤300斤。即使无法真正一睹现场，但从这些数字中，我们应该也能够想象得到千叟宴的盛况到底有多么地惊人！

第四章

旧时清民住何许?

导语

恢宏大气的皇城,古朴典雅的四合院,烟雾缭绕的古寺,精美别致的江南园林,庄严肃穆的宗室祠堂……清朝的建筑大多是木质的,也有的就地取材用土石和竹板建造。每一处榫卯和飞檐上都倾注着工匠的心血,都承载着古人的智慧。这些建筑,不仅是清朝人的栖身之处,更是他们寄托精神的地方。

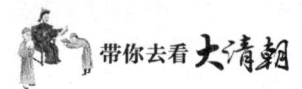

1. 北京旗人的住所分布是怎样的？

清朝统治者入关后，浩浩荡荡的八旗子弟排着队进了北京城里，可问题是这么多人，他们该住在哪儿呢？

为了安顿好八旗子弟，给他们和家眷腾出住处，清朝统治者将住在北京内城的汉族百姓安置到了南城，即当时的外城。原来居住在这里的人走了，各旗的子弟和家眷顺理成章地住进了北京城内城。到底什么是八旗，八旗又包括哪八个旗呢？

清代满族人的户口是按军籍编制的，人们的户籍和士兵的军籍是在一起的，所谓的"八旗"也就是满族人的军籍和户口。八旗包括镶黄旗、正黄旗、正白旗、镶白旗、正蓝旗、正红旗、镶红旗、镶蓝旗。

镶黄旗是八旗之首，因为旗色纯黄镶有红边而得名。镶黄旗由清朝的皇帝亲自统领，旗内再没有别的亲王了。旗内的士兵是皇帝的亲兵，只听从皇帝一个人的调遣，保卫皇室的禁卫军也是从镶黄旗里挑选出来的，就连清朝的很多后妃和高官也都是出身于镶黄旗的。入关以后，镶黄旗的族人们被安置在北京城内城的安定门里。正黄旗和镶黄旗一样也是由皇帝亲自统领的，这一旗因为旗色纯黄，而得名"正黄旗"。正黄旗的旗人居住在内城的德胜门里，到清末的时候，这一旗人口最多。正白旗因为旗色纯白而得名，旗下的满族子弟居住在内城的东直门里。和前面两旗一样，正白旗也是由皇帝亲自统领的一支队伍，这三旗被并称为"上三旗"。但实

第四章　旧时清民住何许？

际上，最初的上三旗里并没有正白旗。努尔哈赤刚开始设立八旗的制度时，八旗中的上三旗是镶黄旗、正黄旗和正蓝旗，除了努尔哈赤以外，这三支军旗不再听命于任何人。顺治皇帝福临在位的时候，摄政王多尔衮把自己率领的一支军旗——正白旗纳入了上三旗，而把正蓝旗踢出了上三旗的行列。多尔衮死后，顺治帝亲政，也并没有再将上三旗改回来，于是这就成了大清的定制，一直延续了上百年。

剩下的五支军旗合称为"下五旗"，都由各位王爷、贝勒和贝子们分管统领。其中镶白旗因旗色纯白镶红边而得名，旗人驻守在朝阳门内。正蓝旗因旗色纯蓝而得名，旗内各人驻守、生活在崇文门内。正红旗因旗色纯红而得名，旗内士兵驻守在西直门内，家眷也都生活在这儿。清朝有名的大贪官和珅就是正红旗出身。镶红旗因旗色纯红镶白边而得名，旗内的士兵和女眷驻扎生活在阜成门内。镶蓝旗因为旗色纯蓝镶红边而得名，旗下的子弟们生活在宣武门里。八旗的颜色对应中国古代的五行八卦之说，因此，无论是日常居住还是行兵打仗的时候，他们都按规定居住或驻扎在固定的方位上，目的就是顺应五行之说，在日常生活和作战的过程中都得一个吉兆。

关于八旗的来源，可以说是有一段很长的波折。努尔哈赤刚一开始起兵的时候，是用黑旗为旗帜的，所以人们也管他的军队叫黑旗军。后来随着队伍的慢慢壮大，努尔哈赤一人统领显得有些吃力，于是他把一支队伍分为两支，另设了红旗军由自己统领，将原本的黑旗军交给自己的弟弟。再后来，又分设了白旗军，让他的儿子褚英统领。红黑白三旗就是八旗的原型，随着建州女真不断地发展壮大，越来越多的人归附，原本的三旗制度已经不能满足现在的需求了。于是努尔哈赤将这三旗重新划分为八旗，红旗分为正黄旗和镶黄旗，白旗分为正白旗、正蓝旗和镶白旗，黑旗分为正红旗、镶红旗和镶蓝旗。八旗又分为正四旗和镶四旗，正四旗的旗帜是纯色的四边形，旗帜上绣着龙

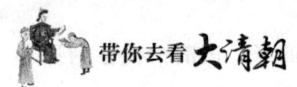

纹和四朵祥云，龙头朝后。镶四旗的旗帜是纯色加镶边的，旗帜上也绣着龙纹和祥云，只不过镶四旗的旗帜上只有三朵祥云，而且龙首是朝前的。这八旗经历几十年的更迭和易主，最终以我们现在所知道的形式确定了下来。

起初满洲八旗下只有满族子弟，但随着民族的不断融合和建州女真的不断强大，越来越多的蒙古族和汉族士兵也加入了进来。为了方便统领汉军和蒙古军队，一开始，皇太极分设了蒙古二旗和汉军二旗。后来，他又重新改组蒙古军旗和汉军旗，将他们打散，分别归入八旗各部。因此，后来八旗的各旗下都包含有满族、蒙古族、和汉族三部分的士兵。按理说，一般出生在哪一旗，旗籍就归属于哪一旗。但后来，为了提高某些人的地位，出现了"抬旗"制度。有很多出身下五旗和汉族的高官或者嫔妃，他们十分受皇帝的喜爱，为了赐给他们更高的地位和更多的荣耀，皇帝往往会抬升他们的旗籍。比如，慈禧太后出身于下五旗的镶蓝旗，后来被抬入上三旗中的镶黄旗。

在清朝初年的时候，八旗宗室的王公贵族和官兵子弟的婚丧嫁娶都有严格规定，不管是谁举办仪式，都不能超出规定。

虽然清政府颁布诏令，命满人居住在内城，汉人居住在外城。但是随着民族融合的不断深入，满汉之间的界限越来越模糊。

2. 走街串巷：古朴雅致的大清民居

说起清代最典型的民居，大家第一时间想到的肯定是老北京城的四合院。可是出了北京城，天南海北的老百姓们又都住在什么样的房子里呢？

正如大家所想的那样，清朝时包括北京在内的大多数北方人都居住在四合院里。但是四合院可不是清代人的独创，这种宽敞方便又宜居的民居早在宋朝年间就已经初具雏形了。

四合院的朝向一般是坐北朝南，以便一年四季都有阳光照进屋子里。院子的前边部分是前厅，后半部分是后寝，两边则各有一排厢房。前厅和后寝之间以穿廊互相连接，三者共同构成一个"工"字形。前厅、后寝与两侧的厢房把宅内和宅外分隔开来，不仅给宅院主人一个独立的空间，还有很强的安全性。古人认为这样的院落兼具"东西南北四象""天地人神四位""日月阴阳四时"的和谐，所以给它取名叫"四合院"。

虽然都是住在四合院里，但是家境不同的人家所住的四合院也有很大的不同。显贵人家的宅子一边都比较大，一座四合院里往往会有很多进院子，山西祁县的渠家大院就是一个典型的五进院的宅子。更有富贵人家还会建有"跨院"，也就是一座四合院不够住，就在它旁边再建一座，两座宅子之间会互相连通。古人讲究长幼有序，四合院中的正房一般是长辈们的住处,而晚辈则居住在厢房里。大户人家的宅院里往往还设有罩房,厨房、厕所、贮藏房和用人房等房间都安排在罩房里。屋里的地面上一般铺有地砖,使地面更平整,也很大程度上起了防潮的作用,炕床更是北方民居里常见的取暖工具。家境贫寒的人家住不起这么豪华的房子,往往是一家上下男女老少好多口人一起挤在一个小小的宅子里。能有一座自己的宅院已经很幸运了,更有甚者,连一座像样的宅子也没有,几户人家一起挤在一处院落里,每家只有小小的两间房。电视剧《还珠格格》里小燕子居住的大杂院就是这种情况。

除了四合院以外,北方黄土高原地区的百姓则居住在窑洞里。这些窑洞也有很多种类,其中一种叫作"靠崖窑",是在垂直的黄土坡上顺势向里面掏出许多洞来居住。我们今天所能看到的黄土高原上的窑洞,大多都是这种类型的。还有一种叫作"地坑窑"或"天井窑"。建造这种窑洞要先在地上挖开一个四四方方的深坑,然后再在坑的内壁上向内掏出可以住人的窑洞来。今天,在我国西北地区的一些村落中,这种天井窑也是能见到的。黄土直立性强,但是却很疏松,所以当地人在建窑洞的时候会用木材或石头做辅助,防止窑洞坍塌。这些窑洞的墙一般都特别厚,夏天热气进不来,冬天冷气进不来,屋里的暖气也不容易出去,所以洞里冬暖夏凉,很适合人居住。

说完北方的民居,我们再来说说南方的住宅。南方人一般依水而居,建造房屋所用的材料也与北方有很大的不同。北方的房屋大多数是砖石结构的,即便是窑洞那也是土石结构的,而南方则多用竹子和木材。清代闽中一代的房屋很多就是用竹片编成墙,然后再在竹墙的外面糊上一层泥。南方气候湿润多雨,所以当地的建筑排水性都很好。清代徽州的民居也十分有特色。当时徽州的商人走南闯北,见识了全国各地的建筑,也积攒了不少的财富。他们回到故乡以后,吸取全国各地民居的长处，建造了独具特色的古徽州民居。当时大多数的民居都是坐北朝南的，唯独徽州民居一家大门朝北开。在徽州商人中有这样一个说法，大门朝南开会破财，为了保住自己辛辛苦苦挣来的钱财，徽州人纷纷将自己家的大门做成朝北开的。一栋房子里有许多进院落，院落之间互相有隔断，一个家族往往住在一起。宅院的四周建有高高的围墙，把房子紧紧地保护起来。

除此以外，游牧民族的蒙古包、西南少数民族的吊脚楼和客家人的土楼也各有特色。总而言之，全国各地的民居都因地制宜，结合了当地人民的智慧，尽量满足人们的生活需求。

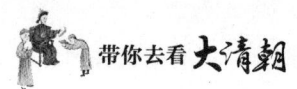

3. 清朝皇家园林建筑——北京半亩园

建筑是人类文化的一个重要组成部分。房屋的建成使人类得以摆脱穴居生活，住进宽敞明亮的屋子里，而园林和宗教场所的建成更是极大地丰富了人们的物质和精神生活。

在几百年前的清朝，京城对士人才子和商贾名流的吸引力绝不比我们今天小。人们因为出仕或者做生意等各种原因来到北京城，并且在北京城里安家。在这些高门大户中，有一幢宅院尤其特别，它就是久负盛名的半亩园。

半亩园的第一任主人是清初兵部尚书贾汉复。贾汉复的祖籍在山东胶州，清朝初年因为在京城经商，举家迁往北京城。为了能让一家老小能住得更舒服一点，贾汉复决定在北京城里新建一幢宅院。当时著名的园林艺术家李渔正是其众多幕僚中的一个，听说贾家有意建造新宅院，他就毛遂自荐揽下了设计和监造府邸的任务。除了李渔以外，张南恒父子也为半亩园的建造出了不小的力。张家是"叠山世家"，张南恒父子的两双巧手更是巧夺天工，他们父子俩造的假山别具一格、十分精巧。建造这座宅院的设计师和工程师在当时称得上是声名赫赫，宅院本身更是被誉为当时北京城里的"私园之冠"。半亩园是典型的北方私人园林，受北京四合院建筑风格的影响很深。在当时的北京城里，建四合院都是有规制的，多大多小都有定量。半亩园的建筑特色

第四章 旧时清民住何许？

虽然和四合院很像，但是却比正常的四合院小很多，所以人们戏称其为"半亩园"。麻雀虽小，五脏俱全，半亩园也是如此，面积上虽然比正常的四合院小了一点，但是半亩园里的亭台楼阁、厅堂轩室、馆榭廊斋却应有尽有、一应俱全。

半亩园在构图上有一条很明显的中轴线，轴线的一边是主人家居住的宅院，另一边则是布置精巧的花园。从东门入园，门口正对着曝画廊，首先映入眼帘的便是宽敞的庭院和雕画精美的影壁，庭院北边是半亩园的正厅——云荫堂，正厅的东南两旁各自排着一列厢房。住宅区的最南面是一方荷塘，从荷塘向西就能进到花园里了。园林讲究有山有水，南方的园林常以水景为主要景观，但是北方向来气候干旱、降雨稀少，水源特别珍贵，所以北方私家园林里的水景往往比较小，半亩园建造的时候，也在水上遇到了很大的困难。这座宅院位于皇城的外城，离什刹海、后海这些大一点的水域比较远，所以在造水景的时候，李渔就只能利用水井里面的水。水井里面的水量肯定比不上"三海"里的，所以半亩园的水景特别小，只有前院的一方荷塘和从荷塘里引出来的一条小溪，就是这一点点的溪水就足以使园林更加的灵动活泼。但园里有了水还不够，还要有山石。水使景色灵动活泼，而山石则使它更厚重，一轻一重，两者平衡，才能构成和谐的景致。在园林里叠山有两种方法，一种是叠纯石头的假山，另一种是石山带土。张南恒父子给半亩园里叠的两座假山都是带土的石山。从前院去往后院要通过第一座假山，这座假山的山体上开了一个洞，经过这个小山洞就能进到退思斋里。假山上还有石阶，沿着石阶就能走到曝画廊和退思斋顶部的晒台上。晒台是园里比较高的地方，站在上面就能将半亩园里的景致尽收眼底，晚上的时候还可以在这里布上宴席，邀请三五好友一起赏月作乐。从晒台上下来，再经一座假山就能进入另一番园地。这座假山后面有三处小院子，一处是用来藏书、读书的"琅

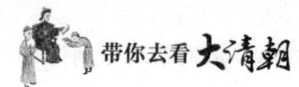

嬛妙境",一处是专收奇石的"拜石轩",还有一处冬暖夏凉的"近光阁",园子的东边和南边还分别建有"海棠吟社"和"玲珑池馆"。被这些小院子包围起来的空地上叠有假山奇石,间有流水潺潺,景色十分精巧别致。

不仅园中的景色别致,就连各处房屋的建造也是费了一番心思的。隔窗上置冰裂纹做装饰,云荫堂的抱厦前放置日晷以凸显气度,庭院里摆着典雅的盆栽,这么一番布置下来,院主人雍容华贵、典雅庄重的气度就都显现出来了。

在近三百年的历史长河中,半亩园几易其主,园中的布置几经增改,臻于完美。不幸的是,随着宅院主人的没落和社会的动荡更迭,园中的景致早已尽数被毁。

第四章 旧时清民住何许?

4. 古迹寻遗之清代宗祠建筑:陈家祠

中国古代讲究安土重迁,一个人年轻时为了事业打拼离家再远,等到老年时总是要回到故里,以求落叶归根。与之相联系的,就是中国古代的祭祖和祠堂文化。在古代,大家族往往会为祭祀建造一个专门的场所——祠堂。清朝时,广东省广州市的陈氏祠堂是众多祠堂建筑中比较出名的一幢。

陈姓是广州的一大姓氏,自古就有"广东陈,天下李"的说法。坐落于广州市的陈家祠堂修建于光绪十四年到二十年,是由广东省七十二个县乡的陈姓族人合资建造的。陈家族人的本意就是修建一座合族的祠堂,但是由于规模太大,朝廷不允许建造,就只好以书院的名义来建造,因此陈家祠堂又被称作"陈家书院"。除了供奉先人牌位以外,陈家祠堂还作为全省的陈姓族人到省城来参加科举考试、办理事务时居住的场所。中国古代建房时,房子的朝向很有讲究。为了能有一个好的采光,人们一般会选择坐北朝南的朝向。但是由于正南的方向煞气太重,所以除了官衙以外,很少有民宅会朝着正南建房,陈家祠也不例外。如果仔细观察的话,我们会发现,陈家祠堂的朝向实际上是略偏西南的。祠堂的正门气势雄伟,正门两旁各有三幅砖雕。一边雕着"梁山聚义图、桐柳杏凰和松雀",另一边雕着"刘庆伏狼驹、百鸟和五伦全备"。砖雕里蕴含陈氏先祖对宗族的期望,"梁山聚义图"是希望后人能严守忠义,"刘庆伏狼驹"是盼着后人英勇果敢,桐柳、松雀和百鸟等花鸟题材则是中国古代寓意家庭和美安康的常见意象。至于"五伦全备"则取材于明清时期的戏剧《五伦全备记》,这部戏剧主要是宣扬封建伦理道德,倡导伦理纲常的。陈家祠堂前雕刻的这一组砖雕,规模巨大、雕工精美,堪称南派砖雕之首,十分值得一看。门前除了这一组砖雕之外,还立着两只大石鼓,这两只石鼓高2.55米,直径有1.4米。据说,当年陈家祠堂修建两年,还未落成,陈氏的族人里有一个叫陈伯陶的参加科举考试,一举成名中了探花,清政府赏赐新科进士,恩泽被及家族,允许陈氏祠堂在门前立巨型石鼓,于是就有了这样一对石鼓。

看过砖雕、石鼓之后,就可以进到陈家祠堂的大门了。一进门映入眼帘的不是祠堂的正厅,而是一组镂空的雕花屏风。这组屏风一共有四扇,每扇高4.5米,宽1.3米,屏风上双面雕画,雕刻的内容有"英雄图""渔樵耕读""太史第""荣归故里""渔舟唱晚"等。虽然屏风上雕刻的内容在当时最常见,但是雕刻的技艺却一点也不马虎。这几幅图的构思都经过了认真的推敲,图上各处的雕工也特别的细腻。除了这组屏风以外,祠堂里的廊柱、栏杆、月梁和墙裙等地方上也都有大量的石雕,这些石雕灵活地结合了圆雕、镂雕、阴刻、高浮雕、减地浮雕等各种工艺,其复杂而精巧的程度令人叹为观止。绕过这扇屏风,就进到了聚贤堂里。聚贤堂是陈氏族人举行祭祀和家族集会议事的地方,堂内空间很大,宽敞明亮,足以容纳大量的族人。聚贤堂里的二十扇雕花门档的精美程度,也是令人无法想象的。这二十扇门档上分别雕刻着《三国演义》《水浒传》《隋唐演义》《说唐全传》里的精彩故事,比如"三打祝家庄""血溅鸳鸯楼""拳打镇关西""三英战吕布""三顾茅庐""长坂坡救阿斗"等脍炙人口的故事,都能在上面找到。这组木雕也因此被誉为"木刻钢刀雕就的中国历史故事长廊"。陈

第四章 旧时清民住何许？

家祠堂里的石雕、木雕和砖雕都带有浓厚的广州雕刻技艺的特色，聚贤堂的里的二十块门档上的木雕尤其显著。这些木雕上的人物造型都有些夸张，布局凝练，气势宏大，刀法利索决不拖泥带水。

陈家祠堂原本是打算作为全族子弟开蒙的书院的，但是建成之后却因为经费不足，没有办法聘请教师、购置书籍，所以做书院的打算也就被搁置一旁了。但是各乡各县来省城办事又没有近亲可以投靠的陈氏族人还是可以来祠堂歇脚的。

清朝末年和民国的时候，社会动荡，陈家祠堂的香火和人气也就没有从前那么旺盛了。后来日本帝国主义侵华，连年的战火使得祠堂里的大量工艺品和雕塑遭到损坏。

值得庆幸的是，后来，人们重新认识到了陈家祠在历史、文化和建筑领域的重要意义，斥巨资重新修复了陈家祠，于是，我们今天也能欣赏到陈家祠恢宏壮丽的景观。

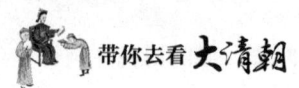

5. 清朝时故宫如何解决取暖问题?

随着社会的不断发展,我们今天有多种多样的取暖方式。北方有能让寒冬腊月的室内变得温暖如春的暖气,南方有烧得热烘烘的火盆,各种电暖气更是让人应接不暇。即便是要出门了,也有可以随身携带的"暖宝宝"。那几百年前的清朝人,他们是怎样取暖的呢?让我们一起到故宫和盛京皇宫看一看吧!

满族的先祖生活在广阔的东北平原上,这里虽然土壤肥沃,水草肥美,但也有不足之处,那就是这里每年的冬天都很漫长而寒冷。在这样的气候条件下,他们充分发挥聪明才智,想出了很多实用的取暖技巧。在盛京皇宫里,就有许多精巧的取暖工具。凤凰楼坐落于盛京皇宫中路建筑群的中轴线上,是整个宫殿建筑的制高点。穿过凤凰楼,气势雄伟的清宁宫就映入眼帘,清宁宫的两旁关雎宫、衍庆宫、永福宫、麟趾宫依次排开。清宁宫是皇帝和皇后的寝宫,在这座宫殿的很多房间里都有炕。炕是北方的一种床,用砖石或者土坯砌成。炕的下面是中空的,有孔道可以用来生火取暖。人们平时可以坐在上面,晚上睡觉的时候还能躺在上面。这种"热炕头",在当时的北方,尤其是东北地区十分常见。生长在东北的许多满族家庭都用火炕来取暖,清朝的皇族也不例外,在他们的宫殿和宅院中,用来取暖的火炕随处可见。人们一般用柴草和木炭来加热火炕,但是这些东西燃烧的同时会

第四章 旧时清民住何许？

产生大量的烟。因此，有火炕的地方往往就会有烟囱，皇宫里也不免俗，在清宁宫后面的西北角上，就有一个用来排烟的烟囱管子。宫里的人们为了图个吉利，给这个烟囱起名叫"一统天下"。盛京皇宫中，除清宁宫之外的四座宫殿，在建造之初也都砌有火炕，但是后来不知道什么原因，这些火炕都被拆掉了。

除了火炕以外，盛京皇宫里还有一种方便实用的取暖工具——火地。火地类似于我们今天的地暖，甚至可以说，它就是地暖的前身。火地的建造方法和火炕的建造方法是一样的，只不过火炕建在地上，火地建在地下。在地上挖出一条走烟的通道，再用砖石或者土坯砌好，然后在上面铺好地砖，火地就建好了。在灶膛口烧木柴或者炭的时候，烟会顺着烟道排出去，而地砖则会被加热，连带着室内也就暖和起来了。此外还有一种类似于火炕的"坐床"，也是可以加热的。坐床的建造原理和火炕一模一样，只不过火炕可以用来睡人，而坐床只能坐着罢了。

为了加热这些火炕、火地和坐床，人们同时还建了许多的灶台。今天北方的农村里还有很多的灶台，这些灶台大多数是设在屋内的，但是盛京皇宫里的灶台则多建在屋外。一方面，灶台放在屋外隐蔽处显得更整齐美观；另一方面，在外面烧火取暖，屋里也就能更干净点。除了灶台以外，盛京皇宫里的烟囱和取暖时用的燃料也都经过了特殊的处理。平常人家的烟囱往往很明显地立在屋顶上，但皇宫的屋顶上要是立着这么一个又粗又笨的大烟囱，未免太难看了些。为了更美观点，工匠们在盘火炕和火地的时候，分散着预留了许多的小孔，即便没有烟囱，烟灰也能顺着这些小孔排出去。还有的将排烟的通道设在灶台的旁边，烟灰顺着这个通道就直接排走了。而且皇宫里烧的木柴和炭也和平常人家用的不一样，御用的燃料自然是最好的，这些经过特殊处理的炭在燃烧的时候几乎没什么烟。

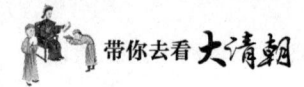

　　实际上,在明朝的时候,紫禁城里就已经用火地和火炕取暖了。清朝皇族住进北京城后,用火炕和火地取暖的方式就更普遍了,在故宫很多建筑的基台上都有为火地和火炕留出的排烟口和烧火口。除了火地和火炕以外,很多殿里还用火盆取暖。但是对于偌大的宫殿来说,火盆里火焰所起的作用是那么的微不足道。不仅取暖效果不好,火盆还很容易造成安全隐患。清朝时期,因为火盆而引起的火灾和煤气中毒事件数不胜数,最严重的一次甚至把乾清宫和交泰殿都给烧了个精光。末代皇帝溥仪在他的自传《我的前半生》里,就曾记录过他因为使用火盆而煤气中毒的经历。除了火盆以外,每到冬天,宫人们还会在各宫各殿挂上厚厚的门帘,用"软硬博缝"把四下里的门窗的缝隙都给封起来,以抵御严冬的酷寒。为了防止屋子太大、取暖困难,宫人们还会用隔板把房间给隔成一个个"暖阁"。各宫的"主子"到了冬天也都会及时换上厚衣服,人人手里都握着一个暖烘烘的手炉,窝在暖洋洋的房间里等着春天的来临。

第五章

清朝人如何出行？

导语

　　被世俗生活束缚久了的现代人们都渴望一场"说走就走的旅行"，那在清代呢？整日被生计所累的清朝人是否会像我们一样，渴望一场自由自在的旅行？如果他们要出游的话，又会搭乘什么样的交通工具？天南海北，他们又会去哪里游玩呢？不出门的时候，他们有什么样的游戏可以玩？

1. 一车，一马，一车夫，官员必备出行三要素

在封建社会，人们十分重视礼制和等级的划分。这一点不仅体现在王公大臣们的服制和俸禄上，更体现在他们日常出行所乘坐的交通工具上。让我们一起来看看清朝官员出行的礼仪，感受一下当时森严的等级制度。

如前所述，清朝官员按地域可以划分为京官和地方官。京官在京城中任职，要定期到皇宫里上早朝，平日里还要到自己任职的部门点卯和走亲访友，遇到重大事件还有可能被派往地方"出差"。地方官分散在全国各地，虽然不用上早朝，但也会定期巡视自己所管辖的区域，到了一定的年份，地方官还要回京述职。所以不管是京官还是地方官，他们都是要出门的，为此，官员出门必备的各项交通工具就应运而生了。

清朝年间官员出行的代步工具有三种，它们分别是：轿子、马车和马。清朝入关以后对于官员们出行的工具有个规定，那就是"文官乘轿，武官骑马"。一开始大家都好好地遵守着这项规定，可是后来渐渐地就有人不守规矩了。轿子外面都有布围着，能遮风挡雨，冬天的时候还能挡挡冷气，虽然聊胜于无，但比起四面漏风还特别颠簸的马背来说，已经是相当好的待遇了，于是一些贪图享受的武官也开始效仿文官乘轿子出行。这一行为很快就引起了乾隆皇帝的注意，他对此很

第五章 清朝人如何出行？

是不满。满族是马背上的民族，因此历任皇帝都十分重视军队和武官。武官肩负着保家卫国的重要职责，将领们更是军中的表率，骑马出行给士兵们做个好榜样也是合情合理的。于是，为了遏制这种情况，乾隆十五年的时候，乾隆皇帝再次下令，重申祖制，要求武官必须骑马出行。考虑到有的武官年纪大了，不方便骑马出行，皇帝也做出了适当的让步。他规定，年迈体弱和身体不适的武官可以提出申请，申请通过之后就可以不用骑马，改乘轿子出行了。

武官骑的马都大同小异，即使品种上有差异，外行人也很难一眼看出来，更别提我们这些"穿越"过去的外行人了。但是文官乘的轿子却能一眼看出品级上的差别。清代官员乘坐的轿子分为显轿、四人抬轿和八人抬轿。显轿又叫"明舆"，从"显"和"明"的字面意思上，我们就可以猜出来这种轿子是露天的。显轿的外面没有轿帏，大街上的人可以看到轿子里坐着的人。因为暴露在人们的目光之下，所以坐在显轿里的人必须穿戴好朝衣朝冠，端端正正地坐在轿子里。至于想坐在轿子上嗑个瓜子、打个盹儿，那是完全不可能的。显轿是最低等级的轿子，乘坐这种轿子的一般是乡试上的各位主考官和副考官们，知县、同知、通判、知县、教官、县丞和典史等比较低级的官员也会乘坐显轿出行。县乡里举行春祭等祭祀典礼的时候，人们还会用显轿抬着神像游街。比显轿高一级别的是四人抬的轿子，四抬轿的四周围着蓝呢布，所以四抬轿又被称作"蓝呢大轿"。三品以下的京官多乘坐这种四人抬的蓝呢大轿。比蓝呢轿再高一级的就是我们常说的八抬大轿了。八抬大轿的外面围着绿呢布，因此又被称作绿呢轿。京官在京城行走的时候，不论品级多高都没有人乘坐八人抬的绿呢轿，即便是一品大员也不例外。但是当他们被派往地方执行公务的时候，就可以乘坐绿呢大轿了。因为这个时候，他们是代表皇帝来到地方的，所以身份更庄严尊贵了一些，自然能乘坐八人抬的轿子。除此之外，

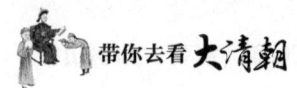

各省的总督和巡抚，作为一省的最高长官，也可以乘坐八抬大轿出行。

乘坐轿子虽然气派，但是耗费却很大。就拿京官们乘坐的最多的四人轿来说，每年花在租轿子和维护上的费用就是一笔不小的支出。此外还要雇佣轿夫，一个四人抬的轿子，最起码要雇上八个轿夫，四人一组，两班倒。从官员们住的地方到上朝的地点之间，有着一段不短的距离，要是只有一组四个轿夫抬轿的话，恐怕还没到宫里，轿夫们就累得站都站不稳了。再加上轿夫需要随时待命，所以七八个轿夫的吃住也都得由主人家负责。这么算下来，一年花在雇轿夫和维护轿子上的费用，最起码也得有上千两了。京官的俸禄并不丰厚，京城的物价又高，一家老小的衣食住行和上下打点都需要银子，就算政府发的养廉银子再多，也禁不起这么挥霍。于是，为了省钱，很多官员干脆改坐马车或骡车。有钱的官员家里会自买一辆马车，雇一个车夫，负责一家老小的出行。稍微拮据点的官员也会租一辆马车，雇一个车夫。再不济，北京城的街头上还有很多等着拉客的散户，遇到急事，临时叫一辆马车也是可以的。马车不像轿子，它只需要一个车夫就绰绰有余了。这样算下来，坐马车出行，一年到头可以省下不少的银子。所以，虽然朝廷规定，品级一定的官员可以乘轿子出行，但是为了省钱，京官们还是不约而同地选择了乘马车出行。

2. 清朝人都去哪儿玩？

"世界这么大，我想去看看！"这句话几乎已经成了每一个现代人的追求。在今天，自由自在地纵情于山水之中已经成了家常便饭。但是在清朝的时候，除王公贵族外，外出游玩却是很多清朝人的一种奢望。

出游一般都要有个由头，如帝王巡游除了娱乐以外，往往还带有视察民情、安抚百姓的政治目的；秀才士子们出游则往往是受"读万卷书行万里路"的说法的影响，想要增长更多的见识；也有人出游是单纯地为了欣赏一下壮美秀丽的山河景观。

皇室自然是最会享受的，那我们就首先来看看王公贵族们的出游地点都有哪些。皇帝出游是自古以来就有的，清代帝王比起前代帝王来，出游的时间更长、声势更大、次数也更多。乾隆皇帝在位的六十年间，先后共出游150多次，几乎平均一年两次。清朝的帝王们出游时，可以选择的目的地也很多，乘船下江南巡视、前往山东曲阜祭孔、去木兰围场进行秋猎、到先代帝王的陵园祭祖扫墓、造访各地的名山大川等，都是很不错的选择。例如，北京城里，五月到九月的时候天气特别炎热，为了避开暑热，每年的这个时候皇帝都会移驾热河行宫，在那里处理政务，所以人们又把热河行宫叫作"避暑山庄"。避过暑热就到了秋天了，这个时候皇帝又会召集满族和蒙古族的王公贵族们，一起前往木兰围场进行一年一次的木兰秋狝。为了与蒙古贵族交好,清朝的皇帝们往往会趁这次围猎宴赏蒙古王公。在不打猎的闲暇时间里,人们还会在万树园里搭起蒙古包和活动房,聚在一起观看马技、相扑、杂技和蒙古乐舞表演,晚上的时候还会有火戏演出。端午节的时候,皇帝会带着后宫的嫔妃们去圆明园的福海看龙舟竞渡,顺便在圆明园里游览一番。冬至以后,西苑的太液池上还会有冰嬉活动。清朝皇族来自关外,冬天的时候那里天寒地冻,有些大面积的天然冰面,因此满族人酷爱冰上活动。即使到了关内,满洲贵族们也没有把这项传统丢弃,每当到冬天的时候,他们都会去参加或者去观看冰嬉活动。除了去热河、盛京和西安这三个行宫外,清朝的皇帝,尤其是康熙皇帝和乾隆皇帝,还特别喜欢去江南巡游。清军刚入关的时候,在江浙和扬州一带进行了惨无人道的大屠杀。朝政巩固以后,皇帝又想要收揽拉拢江南文人,为了达到这个目的,康熙和乾隆这两位皇帝多次前往江南巡视,以安定人心。乾隆皇帝在位期间,曾先后六次下江南。最后一次前往江南的时候,他已经是七十四岁的老人了。在这次巡视的过程中,乾隆皇帝和乌拉那拉皇后产生了冲突,皇后一气之下剪掉了自己的头发。而在当时的文化习俗里,皇后断发为大忌。乾隆皇帝因此十分生气,将皇后打入了冷宫,并让令皇贵妃掌管后宫。除了皇后剪发风波以外,随行的一位妃子——诚嫔也不幸落水身亡。接二连三发生的事情对乾隆皇帝的打击很大,这次出游也成了他的最后一次下江南。除了下江南以外,清代的康熙皇帝还特别喜欢去五台山礼佛。关于康熙帝频繁前往五台山的原因,人们众说纷纭,野史的记载也有很多,在此不做赘述。

与此同时,在民间,富商巨贾和士人学子们也热衷于出游。当时的人们喜欢去扬州的瘦西湖游玩,为了方便游客们观赏风景,瘦西湖的湖面上有很多的游船画舫,风流名士们多聚集于此。除了游船画舫

第五章 清朝人如何出行？

以外，还有专为女眷们准备的"堂客船"，小姐、夫人们可以坐在堂客船里观赏西湖两岸的风景。此外还有一种叫作"沙飞船"的船只，船上备有各种食材，还有多名大厨随船同行，可以为湖面上观赏的人群准备美味的大餐。即便吃不起大餐，也不要担心，因为在湖面上还有很多的小船，这种小船会出售各种零食，供来往的游客充饥。比如有一种叫"陈胡子饼船"的小船上，专门卖饼和各种小吃零食。吃什么自然是不用担心了，那湖面上有没有什么可以娱乐的地方呢？这你也不用担心，瘦西湖的湖面上还有一种叫作"歌船"的船只。这种船上有唱小曲儿的、敲锣鼓的、说评话的，只要是当时有的休闲方式，这上面可以说是应有尽有。衣食住行和休闲娱乐都有了着落，只要你愿意，你就可以在瘦西湖的湖面上一直待着。怪不得世人总说"游人只合江南老"，这么美好的地方，怎么可能不让人流连忘返？

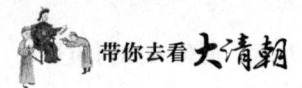

3. 独一无二的老北京人力车

古代的时候交通不便，人们去哪儿都很不方便，交通工具也就只有的那几样——车、马、轿子。后来，东洋的人力车传了进来，老北京的街头上就多了许许多多拉车跑腿的黄包车车夫。

顾名思义，人力车是靠人来拉动的，这种车起源于日本，清朝末年的时候传了进来。日本的人力车一般都轮子高、车把短，刷着黑色的油漆，有黑色车篷，传进中国的人力车则轮子小、车把长，刷棕色油漆，车篷的颜色也各有不同。人们给这种外国传入的车起了很多名儿，比如东洋车、洋车、黄包车。又因为它的车轱辘上有胶皮垫，所以也有人直接管它叫"胶皮"。好东西当然要先给"老佛爷"享用，清朝的第一辆人力车也不例外。慈禧太后御用的这辆人力车刷着黄色的油漆，垫着黄龙缎子做的垫子，车厢是四方的，里面十分宽敞。由于年代比较早，这辆车的车轮上还没有装胶皮里的外带，所以人们也管它叫"铁皮车"。慈禧太后出宫时坐过的这种人力车，后来在民间也流行了起来。

北京城里第一个开始制造这种人力车的，是赵茂如、巩达三开办的懋顺车厂。说是自己制造，但实际上他们只是负责组装而已，建造人力车所需要的内胎、外带、轴承、滚珠、弓子、喇叭等零件，都是直接从日本人的工厂里成套进口来的。而车上的车篷、垫子、脚垫、

第五章 清朝人如何出行？

雨布、雨衣等，也都是找北京城里的商店直接拿的成品。后来随着人力车的需求量越来越大，有人就开始尝试着自己造车，虽然一开始造的国产车质量没有东洋车好，但是慢慢地也算是掌握了核心技术。

很快，人力车就成了北京街头上最常见的交通工具。用来拉客人的黄包车一般都拾掇的比较干净气派，车的前面装着车灯，车把手上安着车铃。车座和车靠上铺着干净的垫子，座位上面有车篷，冬天挂棉的，防寒保暖；夏天挂黑毡布，遮阳防晒。有的车上还自备了毯子，给客人盖腿用。客人放脚的地方，还会铺一个脚垫。黄包车多了，拉着车到处跑腿谋生的车夫也随处可见。车夫们一般都是身无分文的穷苦人，很难凑出钱来买一辆黄包车。多数车夫都是从车厂租一辆车来拉客，也有稍微有钱一点的，通过"打印子"的方式买一辆车。老北京的车厂有很多，比较大的诸如马六车厂、五福堂车厂，从车厂租车是要交份子钱的，车夫们管这个叫"车份钱"。车夫们可以自由选择租车的时间段，一般分为三种情况：拉白天的，拉晚上的，还有拉黑白天的，根据租的时间的长短收车份钱。对于黄包车车夫来说，每天的车份钱是一笔很大的支出。车夫们从早上拉到晚上，赚到的车费很大一部分都用来交车份钱了，剩下的一小部分刚够一天的吃饭钱。一个黄包车车夫，一年到头辛辛苦苦，却很难攒下几个钱。除了到大街上随机拉客以外，有的车夫还能接到比较固定的活。有的王公贵族和大户人家里会雇一个长期拉车的车夫。这样的活比较稳定，收入也高，因为租车和修车的费用都是由主人家承担的，车夫只管好好拉车就行了。除了租车以外，车夫们还能够打一辆"印子车"。"打印子"和我们今天的透支消费、分期付款很像。一辆车的原价可能是十八两，如果要打印子车的话，就要付二十两。第一个月先付二两，剩下的则按月分期付款。这么算下来，实际上每个月多支出了一点利息。除了车钱以外，车上的零件，比如轮胎、轴承和车弓子等，也能"打印子"。

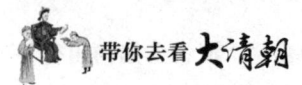

这种方法在一定程度上方便了车夫，但是也给了车厂主们更多盘剥车夫的机会。车夫们一旦不能及时交上当月的印子钱，本金加利息，利滚利就会越滚越多。

除了车厂主以外，车夫们还要提防大街上的军警。当时的黄包车车夫拉车是要登记、上车牌、穿号坎的，每隔一个月或半个月还要捐一次税。除此之外，每天街上都有巡逻的军警，专门管没有穿号坎的车夫，这些没穿号坎的车夫一旦被抓到，轻则停止营业几个钟头，重则扣车罚款。老北京的街头上有几个出名的流氓街警，专干这种为难黄包车车夫的事。有一个叫"祝一块"的，每次遇上不穿号坎的车夫都要罚一元钱；还有一个叫"酒鬼恶太岁"，特别喜欢找车夫的碴儿让他们请他喝酒。对于这些胡搅蛮缠的街警，车夫们往往是避之大吉，能用钱打发的就尽量用钱打发。大家都怕惹上麻烦，本来就赚不了几元钱，"孝敬"完街警们，剩下的就更少了。为了能赚更多的钱来养家糊口，黄包车车夫们不得不卖更多的力气、拉更多的客人。尽管他们都是这么的勤劳能干，但还是无法摆脱悲剧一样的命运。老北京城里曾经有个叫"花裤腰"的黄包车车夫，这个短腿的黄包车车夫不论春夏秋冬都穿着花裤腰的裤子，拉着车跑起来的时候，他的花裤腰特别的显眼，因此人们就管他叫"花裤腰"。他拉车特别的稳当，而且从来不耽误事，可是说是相当勤快了。但是不幸的是，"花裤腰"有一次赶庙会的时候喝凉水喝炸了肺，因此大病了一场，再也没有力气拉车了。还有许许多多的车夫，他们同"花裤腰"一样勤勤恳恳的拉车，希望能改善生活，但是最后不是被累死在拉车的途中就是年老体弱，再也不能拉车，失去了生计。

就像老舍先生在《骆驼祥子》里所写的那样，这些善良勤劳的车夫被生活一次次逼向绝境，最后要么像祥子一样走向堕落，要么被累死。

第五章 清朝人如何出行？

4. 纷争迭起，缘自铁路？

俗话说得好，要想富，先修路。不管是在今天，还是在过去，道路畅通都是一个区域、甚至一个国家兴旺发达、繁荣富强的首要条件。19世纪，西方人发明了蒸汽机，火车和铁路随之出现，交通领域发生了翻天覆地的变化。后来，西方列强叩开了清朝的大门，将制造铁路的技术也一并带了进来。清朝末年，围绕着铁路这个新鲜的事物，发生了许多的动荡故事。让我们一起沿着历史的足迹一探究竟。

帝国主义列强让中国人了解了铁路，但是修不修铁路？怎么修铁路？让谁来修铁路？都成了摆在清朝统治者和老百姓面前的大难题。帝国主义当然是希望我们修铁路的，只有修了铁路，他们才能更快更好地从中国攫取更多的利益。有识之士也希望清政府能修铁路，他们觉得有了铁路，国家就能富强，就能摆脱帝国主义的铁蹄。但是也有人是不想修铁路的，他们认为修铁路是个大工程，开山平路难免会改变原有的风水，万一一个不小心，掘了大清的龙脉，泄了气运怎么办？慈禧太后也不愿意修铁路，她怕火车轰隆隆开动的声音会惊了北京城外皇陵里的祖先们。可是就算想修，怎么修呢？经过多年的挥霍，大清的国库里早就没有什么银子了，就算想修路，清政府也拿不出钱来，只能向其他国家借外债。就算有了钱，让谁来修呢？当时的大清朝虽然很多人都听说过铁路，但是有几个人见过真正的火车，见过真

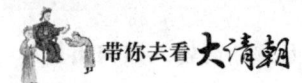

正的铁路？又有几个人掌握了修铁路的技术？寥寥无几。修铁路的技术掌握在外国人的手里，清政府要想修铁路的话就只能向列强求助，这正是列强们所希望的。但是如果让他们来修建铁路的话，那就意味着中国的命脉将会被死死地握在外国人手里。

在铁路发展的早期，中国的铁路权的确是掌控在外国人手中的。清政府既没有钱也没有会修铁路的人才，只能把铁路的修建权和经营权包给外国人。自光绪二十一年（1895）开始，外国人感到在铁路上有利可图，就开始不停地侵夺清政府的铁路权，美国人为了更方便地抢夺铁路权还在中国开办了美华合兴公司。山西是中国重要的煤炭产地，但是由于太行山的阻隔，山西与外界的联系很不方便。19世纪末的时候，俄、法两国看上了山西的矿产和铁路权，想要争夺这一段铁路的筑路权和经营权，进而控制山西的矿权。在俄法两国的强烈干预下，清政府被迫让步，将山西的部分矿权卖给了法国人，并以向法国福公司借款的形式修建了山西的第一条干线铁路——正太铁路。正太铁路刚刚建好的时候，三晋的百姓都纷纷来这里参观洋火车。围观的群众都对这个呼啸而过的铁家伙感到好奇，他们不知道正太铁路的所有材料、建造和运营都是由法国人包办的，这为以后埋下了很深的隐患。为了获取暴利，法国人仗着自己拥有铁路的经营权公然违背世界铁路会议指定下的"万国煤运率"，向阳泉煤收取高额的过路费。法国人不仅在运价上动手脚，还企图控制山西的煤矿，他们和腐败的官员密谋，收买了山西部分地区的采矿权。正太铁路刚刚竣工不久，法国福公司就派人封了当地的民办小煤窑并去阳泉等地勘探矿苗。他们的这些行为，引起了山西当地居民的警觉和不满，并激起了群众的反抗，轰轰烈烈的山西"保矿运动"就是因此而起的。

山西地少山多，光靠种地根本无法养活一省的人民，许多山西人都靠采矿来维持生计。法国福公司买断了山西的采矿权以后，强封了

第五章 清朝人如何出行？

许多民办煤窑，断了当地人的生活来源。这些民办煤窑的老板和员工联合起来，主张反抗帝国主义，收回矿权。在京城做官的山西官员也纷纷上书言事，以声援山西的"保矿运动"。山西当地的民族资产阶级也联合起来，成立了公司以对抗法国的福公司。矿区的百姓和青年学生们，更是奔走相告，为"保矿运动"造势。这次运动首先爆发于太原，后来蔓延到山西全省甚至全国，就连远在日本的留学生也纷纷发文声援山西。在多方压力的催促下，清政府不得不和福公司进行了多次的谈判，最终双方达成了和解协定：由山西商民集资，向法国福公司支付二百七十五万两白银，以赎回山西的采矿权。虽然山西商民付出了巨大的经济代价，但是总算将山西的采矿权赎了回来。

经过"保矿运动"，清朝的官员和老百姓们逐渐意识到，铁路掌控在别人手里是不行的。要想真正的富国强国，就要把铁路牢牢地攥在自己的手里。为了收回筑路权，清政府派出了一批留学生前往国外学习筑路技术，这些留学生学成回国以后为国家的交通事业作出了很大的贡献，其中就有被称为"中国铁路之父"的詹天佑。为了早日建成自己的铁路，清政府决定将铁路国有化。但是很多铁路都是由商人和民众认股集资的，要想国有就要从商人和股民手中将铁路赎回来，就是这个过程中出了纰漏，直接加速了清王朝的灭亡。当时，清政府想以低于市场价的价格收回铁路，但遭到了四川和两湖人民的反对，为了给政府施压，人们上街游行示威，发起了"保路运动"。"保路运动"沉重打击了清王朝及帝国主义在中国的统治，直接导致了辛亥革命的总爆发，成为中国资产阶级民主革命的先导和重要一环。

第六章

五花八门的娱乐消遣

导语

大清盛世娱乐自然少不了,狩猎、听小曲儿等各种消遣活动,都是清朝王公贵族的娱乐项目,但是,娱乐背后也有着陷阱,鸦片曾也是一些人消遣的玩意儿,却酿成了清朝的巨大危机。这些故事都值得我们一一去了解。

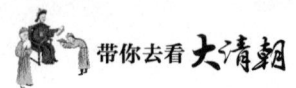

1. 闲暇时间做什么？

说到这个话题，我们首先说一下大家最感兴趣的皇帝闲暇时间都做些什么。

虽说不同皇帝的爱好不同，闲暇时间的娱乐消遣项目也各有所爱，但是清朝早中期的皇帝都有一项相同的爱好，那就是打猎。

清朝自努尔哈赤建立后金开始，就对狩猎活动非常重视。而在入关后，清王朝以一个游牧民族而占有天下，更是把狩猎提升到了保持民族独立性的高度来对待，比如入关后专门建设了木兰围场等多个猎场作为皇家猎场。清朝入关后的第一位皇帝顺治，死时年仅二十多岁，但仅在《清史稿》的《世祖本纪》中就记录了他二十多次南苑狩猎的经历，基本上隔几个月就要去一趟。

到了康熙皇帝，其狩猎兴致同样浓厚。他多次在狩猎途中写信给留守京城的太子夸耀自己打到的猎物多么肥美少见。而康熙朝的很多大事，都与狩猎有关，比如废太子的导火索"帐殿夜警"就是发生在康熙狩猎期间，乾隆帝能被康熙看中也与乾隆在狩猎遇熊袭时沉着冷静的表现有关。

而雍正皇帝是个个例，整个有清一代的皇帝都比较勤政，雍正尤其突出，再加上他信佛，因此在他登基后举行的狩猎活动较少。那他在闲暇时候做什么呢？画像应该是其中之一了。大家如果有幸去故宫

第六章　五花八门的娱乐消遣

看一下馆藏，就会发现雍正的各种着装、各种情景下的画作数不胜数，与其他皇帝正襟而坐的样子大异其趣。或许可以这样想，如果雍正帝穿越到现在，那他一定是一个自拍狂魔。

而到了乾隆皇帝，这位的兴趣爱好就多了。狩猎自不必说，但实际上他更大的爱好就是写诗。据统计，乾隆皇帝一生作诗达四万多首，可以说是古今写诗数量最多的第一人。

嘉庆皇帝及其后的皇帝对狩猎的兴趣就小多了，到了清末几乎就绝迹了，取而代之的消遣主要就成了看戏。实际上，康熙皇帝也非常喜爱音乐，曾研究乐律，学习过外国的音乐，还主持编纂了音乐理论书籍《律吕正义》。乾隆皇帝对此也很热衷，每次外出巡幸、围猎，都有南府戏班演员跟随；他本人也很喜欢弹琴。清晚期的光绪皇帝、慈禧太后也爱看京剧，除升平署外，还经常请民间戏班进宫演出。

说完了皇家的业余消遣，我们再看一下王公贵族们在闲暇时都干些什么。

整个有清一代立嫡差不多都经历过腥风血雨，而且为了加强统治，在清朝早中期还多次发动文字狱，所以使得绝大多数王公贵族，包括皇族，都表现出一副不务正业、吊儿郎当、骄奢淫逸的样子——当然有一些人是本色表现，但是更多人是为了避嫌。他们许多的表现匪夷所思，比如乾隆皇帝唯一成人的兄弟弘昼。乾隆皇帝弘历和弘昼二人从小都很聪明，但是长大之后，弘昼却变成了一个不争气的"傻儿子"，乾隆皇帝登基之后，他倚着兄长的威势，傲慢任性，肆意妄为，他平生有三大爱好：喝酒、受贿和给自己办丧事。特别是给自己办丧事，每年都会办上几次，每次都会坐在死人应该躺的位置，看下面的孝子贤孙谁哭得最带感情，然后给谁重赏，谁表现的不好，还会亲自兼任司仪，指挥他人怎样行礼，怎样号哭。现在想来都觉得是令人啼笑皆

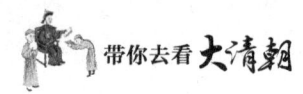

非的闹剧。

而其他的王公贵族跟他异曲同工,为了表示自己对皇位不感兴趣,反正是怎么败坏名声怎么来,可以说,他们根本就没有什么工作和闲暇之分,挖空心思找新奇的消遣就是工作。他们消遣的方式,只能说只有我们想不到的,没有他们做不到的。

说到皇帝和王公贵族,还有一群人也不得不提,那就是皇宫中为数众多的太监和宫女,他们闲暇时间都有哪些消遣?也许有朋友会说,太监、宫女是底层杂役,怎么会有空闲时间?这个其实是误区,因为除了那些当红的太监和宫女需要时时陪在帝后和妃嫔身边,其他的太监、宫女都是轮值当班的,有的可能三天一次,有的可能五天一次。

到了不当值的时候,他们也会找一些娱乐项目。

比如玩牌。宫女们玩的牌叫马吊,其实跟扑克牌很像,也是每人发若干张纸牌,每张纸牌区分图案和花色。

还有一种牌叫叶子戏,在明朝和清朝的宫廷中很流行,是太监闲来无事自己雕版印刷的。

说过了天潢贵胄,再说一下士大夫。对他们来说,消遣就是钻故纸堆。在清政府大兴文字狱的高压政策下,整个士大夫群体不再热衷于评议时政,而是转向对古文的考据考证,这一方面使程朱理学兴盛,另一方面也使"朴学"发展起来。

再说民间。当时民间有一个特殊群体,就是"八旗子弟",在关外和刚入关时,八旗子弟还是一个令人生畏的群体,但是承平日久,八旗子弟越来越没了马上的气魄,反而更多地去寄情玩物。"提笼架鸟"是他们的标配,衣食无忧的他们拎个鸟笼到处晃,或者直接就去茶馆喝茶,一喝一整天,诸如此类。反正,"醉生梦死"就是他们的真实写照。

第六章　五花八门的娱乐消遣

普通百姓的闲暇时光就是逛集市、看卖艺的、玩杂耍、听说书、看戏，风雅一点的，喝喝茶、钓个鱼、画个画，或者高朋满座把酒言欢都行。当然麻将和叶子戏也已经非常流行了。如果有"大老爷"升堂审案或者处决犯人，那更是少见的"盛会"。

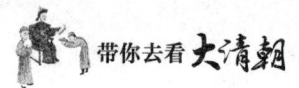

2. 鸦片在清朝是怎样肆虐的?

鸦片原产南欧、两河流域一带,大约在唐朝传入南亚。

有人考证,在西汉张骞出使西域时鸦片就已传到中国,三国时名医华佗制作的"麻沸散"里面就应该含有大麻和鸦片作为麻醉剂。更主流的观点则是认为,中国人直到唐代才从阿拉伯人那里对罂粟有所了解,他们把从阿拉伯半岛而来的鸦片称作"阿芙蓉",并开始种植。最初,它只是被作为一种观赏植物而被栽培。宋代以后,人们逐渐了解了鸦片的药用价值,并认识到这是一种猛药,使用时要非常小心。北宋印行的《开宝本草》中,把它定名为罂粟粟(后一个"粟"是"蒴果"的意思)。直到明中叶以前,中国基本上不存在吃鸦片上瘾的群体,因为鸦片的价格昂贵,一两鸦片的价格超过一两黄金,只有富人才享用得起。而在同一时期,印度人已广泛使用鸦片并使之成为生活的"必需品",与300年后中国的情形相比有过之而无不及。

而鸦片在中国的肆虐,与烟草和烟斗都有很直接的关系。大约在十七世纪初,烟草传入中国,国内的吸烟者大量增加,与此同时,鸦片在国内的应用还是集中在医药领域,并且是口服使用,它的臭味让大部分人敬而远之。但是,随着烟草和烟斗的流行,出现了危害健康和透支家庭收入购买烟叶等问题,于是崇祯皇帝下令禁烟。但是始料不及的是,烟草被禁了,烟民们却发现了将鸦片通过烟斗,将口

第六章　五花八门的娱乐消遣

服变成气体吸入的应用方法,并且这样改变后,消除疲劳、缓解疼痛的起效时间更短,而没有病痛的正常人使用后也发现,利用烟斗吸食鸦片,不仅没有了那种难闻的味道,而且致幻作用非常的迅速、明显,于是吸食鸦片的使用方式快速传播开来,鸦片也获得了"大烟"的称呼。随后烟斗改良为专门吸食鸦片的烟枪,更是加剧了鸦片的泛滥。

鸦片在中国泛滥还有一个重要原因,就是鸦片的进口。由于吸食鸦片人群的急剧增多,从外洋贩卖鸦片烟以牟利也开始兴盛起来。据考证,在经历了明末清初的动荡之后,雍正时期广东地方已经有无业浪荡之徒"兴贩鸦片烟",并私自开设烟馆和囤货批发。在随后的乾隆、嘉庆时期,这一现象更加猖獗,不仅吸食鸦片的人群进一步扩大,更使得国内的白银不断外流,出现了"银贵铜贱"的现象,严重损害了清朝经济的发展。

更加严重的,是在1818年第三次英马战争结束后,英国东印度公司解除了对印度西海岸贸易港口的封锁,同时,孟加拉与马尔瓦两大主要罂粟产区在1821年后开始增产,以及其他各种因素的影响下,作为我国主要进口原产地的印度、孟加拉国鸦片的价格开始急剧下跌,这更加刺激了国内吸食鸦片人群的扩大。

这里需要指出的是,对于私自进口鸦片,清政府并不是无动于衷,实际上从雍正时期就开始禁止了——因为这是违犯"海禁"法律的。按道理来说,开始管理的时间并不晚,但是最大的问题是力度不够,对于鸦片走私的惩罚太轻。当时法律规定,贩卖私盐者斩,而贩卖鸦片只需要发配充军。但实际上贩卖鸦片的利润比贩卖私盐要大得多,所以走私鸦片屡禁不止,甚至越禁越严重。到了1830年之后,很多人甚至主动联系英国人,愿意为他们贩卖鸦片到内地。1833年,英国人做了一个统计,当年他们利用鸦片从清朝获得了1400万两白银,且当时

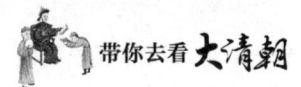

清朝进口鸦片的数量占到了世界鸦片产量的52%。也就是说，到了鸦片战争前夕，鸦片已经在中国泛滥起来了。

为什么到了清朝，到鸦片战争前夕，鸦片会对中国社会造成那么大的危害呢？或者，拨开历史的迷雾，厘清其中蕴含的历史真相，以史为鉴，才是更值得我们深思的。

第六章　五花八门的娱乐消遣

3. 听曲儿，街坊邻居茶余饭后的消遣

在清朝，要说哪种休闲娱乐方式最为亲民、最适合街坊邻居茶余饭后消遣，那就非听曲儿莫属了。这里所说的"曲儿"，不是指《霓裳续谱》《白雪遗音》等辑录的那些"俗曲"，而是指现在的"曲艺"所包含的艺术表达形式。

中国的曲艺艺术历史悠久，先秦时就出现了"成相"这种说唱形式，汉朝的"乐府""赋"，隋唐的"市人小说""俗讲"，宋的"说话"和元明的"词话"等都是不同历史时期出现的曲艺艺术形式。

到了明末清初，中国封建社会进入末期，阶级斗争、民族矛盾错综复杂，民主思潮和民族意识也空前活跃和高涨，整个社会经济、文化都经历着一场大变革，曲艺艺术也不例外。同一时期，统治戏曲舞台的昆曲已日渐趋于衰落。在这样的社会背景下，自康熙后期开始，战乱渐息，清政府为了缓和阶级矛盾和民族矛盾，开始采取措施，使农业生产、城市经济都得到了恢复和发展，社会生活也渐趋稳定，各种民间曲艺形式随即开始兴起，新兴地方戏大量出现。

这些地方戏，开始时流行于乡村集镇上，内容简单，艺术上不够成熟、完整。因此受到"高雅人士"的歧视，但却极受农工、商贾等平民观众的欢迎。每逢节日、迎神赛会，常有盛演各种地方戏曲的活动。正是在这些草根观众的支持下，新兴地方戏曲在农村站稳了脚跟，

不少戏班还开始向大城市发展，在不同的省道之间进行演出。随着受众的增多，很多有一定文学、艺术修养的知识分子也开始加入曲艺创作队伍中来，使整个戏曲的创作水平和表现形式有了很大提高，这让很多的高端听众、观众改变了固有观念，曲艺开始雅俗合流。另外，在乾隆、嘉庆时期，随着商业的发达，大城市中的各种商业会馆普遍设立，各地戏班往往随着本地商帮以会馆为据点开展演出活动，这使得许多工商业城市成了各种地方戏的汇合点，比如北京和扬州，就成为当时北方和南方两大戏曲活动中心。

随着时代的发展，到了嘉庆、道光、咸丰三朝，城市曲艺持续发展，农村曲艺也真正兴盛起来。在这多重因素的影响下，我们现在所有的曲艺形式几乎都已齐备。在清中期以后，已经逐渐形成了扬州评话、北京评书、苏州评话、福州评话等流派；在北京天桥、天津劝业场和南京夫子庙等地形成了相声这一艺术形式；还出现了苏州弹词，广东木鱼歌，沧州木板大鼓，沁县、南阳三弦书，八旗子弟书，梨花大鼓，西河大鼓，京韵大鼓等弹词与鼓词；北京什不闲、冀东等地的莲花落；湖南的渔鼓道情、陕西道情、河南道情、山西道情等道情；河南坠子；当然，也出现了当时的"流行音乐"——俗曲。其中，俗曲在不同地域有不同的表达形式，比如满族是八角鼓，河南是鼓子曲，还有兰州鼓子，青海平弦，扬州清曲，四川清音、扬琴，山东琴书等。

这些曲艺形式能广受欢迎，还跟它们的表现形式有关。比如清朝的戏曲也发展到了很高的水平，但是不如曲艺节目更接地气。为什么？因为戏班不是一般人能请得起的，不到婚嫁、年节等重要的日子，乡下是不会请戏班来演出的。但是曲艺节目就不同了，一两个人，一两件乐器就是全部家当，有个座位就能开场，不像演戏还要搭台子，而且价格也亲民，所以就成了最适合街坊邻居茶余饭后的消遣方式。曲艺艺人每到一处，真可称得上是万人空巷，黑压压的一大片人头，

第六章 五花八门的娱乐消遣

屏气凝神、鸦雀无声，随着艺人娓娓道来的故事情节，众人或兴奋，或惊奇，或激昂，或叹惋，心情跌宕起伏。

因为受众广泛，所以很多的曲艺艺人知名度很高，比如明末清初的说书艺人柳敬亭，明末文学家张岱专门写文章来描述他细致入微的说书技艺。柳敬亭和徒弟王鸿兴，以及王鸿兴的后辈双厚坪、石玉昆四人，并称为"评书四大祖师"。艺名"穷不怕"的朱绍文，是相声界的祖师爷，被慈禧太后封为"天桥八大怪"之首。外号"紫癞痢"的王周士，是苏州弹词的知名代表人物，当时的史学家赵翼写诗对其说书的演、说、弹、唱给了很高评价。其他各种曲艺类型也都有各自的代表人物。

而因为听戏、听曲儿而引发的故事也是数不胜数。比如很多的明清小说中，都会有类似的情节：一个恶少某日去酒楼花天酒地，老板推荐说有一位卖唱的姑娘曲儿唱得很好，于是这位不差钱的纨绔子弟就让他们（一般是跟她的父亲合作，父亲弹琴，女儿唱曲儿）进包房给唱一曲儿。谁知道这位姑娘长得很好看，于是恶少就强抢民女，没想到某位大侠正在酒楼上吃饭，正巧遇上，于是路见不平拔刀相助……

还有令人哭笑不得的。嘉庆十一年（1806），因为旗人经常化装出城去听戏，于是一位叫和顺的御史就上奏请求严查究办，嘉庆皇帝便下旨命步兵衙门查究，没想到查究过程中有人揭发和顺本人也曾多次出城听戏。这位和顺大人搬起石头砸了自己的脚。为了撇清自己，他谎称自己出城听戏是为了秘密查访，可是被气坏了的嘉庆皇帝不听他的狡辩，下令把他革职议处，于是这位大人一不做二不休，又上书说揭露自己出城听戏的那位步兵衙门骑兵统领是因为出城听戏，被自己看见，因此恶人先告状，才揭发自己的。后续如何不得而知，但是这一因听戏引发的官员互咬也是令人啼笑皆非的。

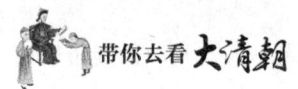

4. 如何进行体育锻炼？

清朝的人们是否和我们一样喜欢运动呢？实际上，体育运动在我国古代有着很悠久的历史。早在炎黄时期，就出现了蹴鞠运动的雏形。经过历朝历代的发展，蹴鞠运动在唐宋时期达到高潮。在古代，马球和射箭、投壶等运动也有着悠久的历史。但是不幸的是，这些运动在明清时期开始衰落。清朝的时候，统治者将蹴鞠和冰上运动结合起来，发明了冰上蹴鞠，并且把这项运动定为军队训练的项目。但是蹴鞠和冰上蹴鞠运动都没有吸引贵族的注意力，于是这两项运动也就慢慢无人问津了。那清朝人到底都有哪些体育活动？让我们一起来看看吧。

最受清朝人喜欢的一项体育运动，莫过于冰嬉了。冰嬉作为一项体育运动，在我国古代有着悠久的历史。北方的冬天寒冷而漫长，大雪过后，许多河湖上都结了厚厚的冰面。为了抵御严寒，北方人在冬天的时候往往会通过大量的运动来取暖。后来，开始有人在冰面上做各种运动，冰嬉的雏形就出现了。古代最早的有记录的冰嬉运动出现在宋朝，据记载，当时宋朝的皇帝就很喜欢冰嬉运动。明朝的时候，冰嬉更是成了一种宫廷运动。满族生活在寒冷的关外地区，每到冬天，那里的湖面和河面上就结了厚厚的一层冰面，这为满族人擅长和喜爱冰嬉运动，创造了坚实的客观条件。正如我们所猜想的那样，满族的确很喜欢而且很擅长冰嬉，努尔哈赤甚至还曾经组织过一支擅长滑冰

第六章 五花八门的娱乐消遣

的军队。努尔哈赤曾经带兵攻打巴尔虎特部落,这个部落不敌建州女真的铁骑,臣服于努尔哈赤。达到了征服的目的以后,努尔哈赤就带领军队离开了。但是女真人的军队刚离开不久,巴尔虎特部落就再次叛变了。为了平定这次叛乱,已经离开数百里的努尔哈赤带着士兵,踩着"乌拉滑子",沿冰面驰回了巴尔虎特。那时所谓的"乌拉滑子",实际上就类似于我们今天的冰刀鞋。

清兵入关以后,冰嬉运动在宫廷和民间都盛行起来。参与和喜爱观看冰嬉的人数众多,各个阶层的男女老少都有,慢慢地,冰嬉就逐渐成了"国俗"。最开始,冰嬉是军事操练的项目之一。每年冬天的时候,皇帝都会带领后宫众位嫔妃和朝中的各位大臣来圆明园太液池观看冰嬉运动。八旗的士兵会提前很多天就开始演习,到冬至这一天的时候,穿好装备,在太液池上为众人表演。冰嬉的主要装备就是冰鞋了,冰鞋根据冰刀位置和数量的不同分为两种。第一种是单刀的冰鞋,这种冰鞋和我们今天的冰鞋差不多,都是在鞋底下安上铁片或者刀片。第二种是双刀的冰鞋,这种冰鞋的冰刀有两个,分别安在鞋底的两侧。比起单刀冰鞋来,双刀冰鞋更稳当,不容易摔倒。

作为军事演练的冰嬉运动有很多对抗性的竞赛,比如"抢等",这类似于我们今天的短道速滑。参赛的兵士们站在同一个起点上,等发令炮一响,就一起出发,看谁先到达终点。竞赛结束后,按头等、二等进行封赏。还有一种叫作"抢球"的运动,这类似于我们今天的冰球比赛。场上的参赛者分为两队,一起争抢一个球。还有一种叫作"转龙射球"的游戏,这类似于冰上射箭活动。但是"转龙射球"的排场很大,往往有上百人一起参加比赛,场面十分壮观。随着政权的稳固和社会的安定,军队的作用渐渐变小,冰嬉运动中的对抗性的竞赛也就慢慢地转变为了观赏性的活动,被称作"走冰"的花样滑冰开始出现。表演走冰的人往往穿着色彩鲜艳的衣服,手里面拿着弓箭或装饰

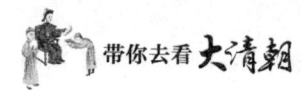

用的东西。拿弓箭的一般要表演花式射箭，拿装饰物的也要舞上一段。

在这一时期，除了冰嬉以外，打太极拳也颇为流行。"太极拳"的名字源于宋代的《太极图说》，书中说：无极而太极，太极动而生阳，动极而静，静而生阴，阴极复动。一动一静，互为其根。俗话说得好，内练一口气，外练筋骨皮。古代的内家功夫一般都是练一口气，练功时讲究静；而外家功夫则是练力，讲究的是动。太极拳则取两者的精华，动静兼备。太极拳最初的时候也是一套用于竞技的拳法，道光咸丰年间，直隶省广平府有个叫杨露禅的人，把太极拳改造成了延年益寿的健身拳。杨露禅家境贫寒，自幼被卖给陈德湖一家为奴，他从陈家学到太极拳法，并对它进行了改造。后来他来到北京城里，专门教当地的王公贵族们练拳。

除了冰嬉和打太极拳以外，清朝人还很喜欢散步。他们当时有一个叫作"走百病"的习俗，就是在元宵节的晚上出去散步，以求驱走一年的灾病。直到今天，河北省的沧州地区还保留着这种习俗。每年正月十六的晚上，成千上万的沧州人就会走上街头"遛百病"。

运动的方式虽然不同，但是运动的目的却是不变的。

第七章

资本运作催促商品经济

导语

有史可查,清朝的 GDP 曾经冠绝全球。不过,你知道清朝的货币吗?你知道清朝皇宫内的薪资趣闻吗?你知道清朝的会馆和漕运,以及清朝颇具特色和成果显著的茶业经济吗?

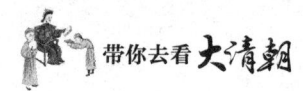

1. 银两铜钱、外国货币知多少?

清代最常用的钱,或者说货币,就是铜钱。大家应该都很熟悉,外圆内方的"孔方兄"嘛!其实,铜钱在我国历朝历代都是主要的流通货币。

清代的铜钱,由官府铸造的叫"制钱",制钱的最小单位是"文",也就是1个铜钱是1文钱。因为1文的单位比较小,所以还把1000文称为"一吊"或"一贯"。但是,清代还曾经发行过"大钱",也就是面额比1文钱要大的钱币,如咸丰时期发行过"当四钱""当五钱""当千钱"。晚清开始出现了作为辅币的铜圆,面值为"当五""当十""当二十"等,就是一枚当5铜圆、10铜圆或20铜圆。

关于铜钱还需要注意一点,就是跟清朝人交易时,他可能会给你一些比如"开元通宝""崇宁通宝"等各种清朝以前朝代的铜钱。遇到这种情况不要惊奇,也不必慌张,如果你不跟官府打交道,只是在市井之间买些东西,收下就行了,为了保险,再花钱的时候,先把它花出去就行了。

这一现象形成的原因很复杂。最主要的一点就是,对于普通老百姓来说,这些钱有什么不一样呢?都是外圆内方的铜所做,不同的只不过就是上面的字罢了,你的能用,他的为什么不能用?整个国家的民众都有这样的想法,那历朝历代的铜钱能在清朝大行其道也就不难理解了。但是需要指出的是，使用前朝铜钱是为官府所禁止的——实际上历朝历代对前朝制钱都是禁止的。还有一种钱也是禁止使用的，那就是太平天国发行的铜钱。

流通中的货币，除了铜钱，还有白银。大宗的交易一般都是使用白银的。白银的基本计量单位是"两"，其下还有"钱""分"等单位，换算比率为 1 两 =10 钱，1 钱 =10 分。

到了晚清，光绪十三年（1887）的时候，张之洞奏请朝廷允许铸造银圆，此后全国各地开始自行铸造，但成色不一、形制混乱。光绪二十七年（1901），朝廷正式发行自己的银圆，每枚银圆"重库平七钱二分"，就是 1 银圆为 0.72 两白银，后来又有了 5 角、2 角、1 角等面值。

这里还需要注意一个问题，就是银钱之间的兑换比例。

虽说官方比例大体一直是 1 两白银兑换 1000 文（1 吊）制钱，但是民间银价和钱价一直在变动，各地价格也不同。大体来说，清初钱贵银贱，1 两白银经常只能兑换 800 制钱；从乾隆中期开始，银价逐渐上升，在嘉庆时期 1 两白银已经能兑换超过 1000 制钱；到了道光时期，因为外国贸易的影响，白银外流现象严重，导致银价暴涨，在一段时间内 1 两白银甚至能换到 2000 多制钱；到了同治之后，直到清帝退位，1 两白银兑换的制钱数一般在 1100 至 1800 之间。

流通中的货币除了制钱和白银，当然不能缺了金子。但是，金子不是官方承认的货币，也几乎不会出现在日常交易中。

另外，清朝也已经出现过纸币，不过使用时间较短：第一次是顺治八年（1651），发行"钞贯"，用了 10 年左右废止了。第二次是咸丰三年（1853），发行了两种纸钞：一种叫"大清宝钞"，是以制钱为单位的纸币，面值有 250 文、500 文、1000 文、2000 文等，后来还有 50 千

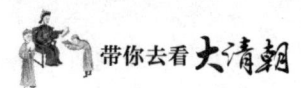

文和 100 千文的；另一种叫"户部官票"，是以银两为单位的纸币，面值为 1 两、3 两、5 两、50 两等，这两种纸币在咸丰末年不再使用。后来直到光绪二十三年（1897），各地才开始印制纸钞。光绪三十一年（1905），朝廷设立"户部银行"，开始发行"银两票"和"银圆票"，纸币才逐渐被认同，流通开来。

另外，在日常生活中，还经常会遇到私铸钱以及银票、钱票。私铸钱不合法，就如现在的假币，而银票、钱票都是钱庄和票号的产物，也能在市场上流通。

除此之外，在大清国境内还流通着很多外国货币。

其实想想也不奇怪，当时，大部分国家的货币都是银质或铜质，只有成色和重量、文字图案的区别，其他的没什么不同。因此，从明朝晚期开始，外国的钱币就大量流入中国。

其中，最早的大概是日本的宽永通宝铜钱，明末随倭寇和日本商人流入中国。后来江南的一些商人看到了其中的巨额利润，趁明末清初动荡之际开始将其整船整船地走私到国内，进入国内流通。后来，从广东开始，又传入了越南的光中通宝、景盛通宝、景兴通宝、景兴巨宝、景兴大宝、嘉隆通宝等铜钱。这些越南铜钱量更大、使用范围更广。

后来，随着与外国商业贸易的扩大，外国的银圆也开始进入国内。被称作"外洋""洋银""番银"，主要来自西班牙、荷兰、法国、美国、英国等国。因为大部分人不认识外国字，所以就用银圆上面的图案来称呼这些银圆，比如来自西班牙的银圆上面印着西班牙国王的头像，有的银圆上面头像上的发髻比较大，就把这种银圆叫作"大髻"，发髻较小的叫"小髻"，上面印着天平的叫"双柱"；美国银圆上面铸着自由女神像，就叫"蓬头"，铸着展翅的鹰的银币叫"蝙蝠"；荷兰银圆

第七章　资本运作催促商品经济

上铸有人骑马持剑，就叫"马剑"；后来还有英国的"鬼头"、法国的"反衣"等银圆，不一而足。

但是需要指出的是，这些外国铜钱与银圆的输入，对当时清朝的经济是有非常严重危害的。

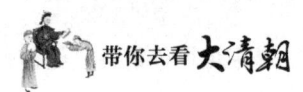

2. 皇宫月薪有多少？

时下的清宫戏，大部分都只能叫"戏说"，与史实严重不符。但是它表现的一些情节，比如说宫斗，历史上虽然没有那么表面化，但是激烈程度却是不遑多让。为什么？因为在封建等级制度表现最为集中的皇宫，每个等级之间的差别，那都是三百六十度无死角的差别呀！随便拿其中一项，比如每个人的月薪来比较一下，就能看出不同等级之间的差距之大。

在此，我们只说皇宫内的人员，但皇帝排除在外。这些人大致可以分成两个系列：后妃系列和太监、宫女系列。

先说一下后妃系列。按照清朝礼制，皇帝后宫分为八级：皇后、皇贵妃、贵妃、妃、嫔、贵人、常在、答应。另外还有不属这等级之内的皇太后。还需要说明的，一是后妃的"工资"正确名称叫"宫份"，"宫份"都是"年例"，就是"年薪"；二是其"年例"除"货币工资"外，还有"实物工资"。下面我们就以乾隆年间《国朝宫史》的记载为例来说一下各等级后妃的年例。

先看一下皇太后的：金20两，银2000两，蟒缎2匹，补缎2匹，织金2匹，妆缎2匹，倭缎4匹，闪缎1匹，金字缎2匹，云缎7匹，衣素缎4匹，蓝素缎2匹，帽缎2匹，杨缎6匹，宫绸2匹，潞绸4匹，纱8匹，里纱10匹，绫10匹，纺丝10匹，杭细10匹，绵绸10

第七章 资本运作催促商品经济

匹,高丽布 10 匹,三线布 5 匹,毛青布 40 匹,粗布 5 匹,金线 20 绺,绒 10 斤,棉线 6 斤,木棉 40 斤,2 号银钮 200,3 号银钮 200,2 等貂皮 10 张,3 等貂皮 20 张,5 等貂皮 70 张,里貂皮 12 张,海龙皮 12 张。

再看一下皇后的:银 1000 两,蟒缎 2 匹,补缎 2 匹……绒 10 斤,棉线 6 斤,木棉 40 斤,里貂皮 40 张,乌拉貂皮 50 张。

你看,单是这处于最高等级的两位(或三位,皇太后多的时候有两位),其年例差别就这么大,更别说跟她们天差地远的其他等级了。我们再看一下最低等的答应的年例:银 30 两,云缎 1 匹,衣素缎 1 匹,彭缎 1 匹,宫绸 1 匹,潞绸 1 匹,纱 1 匹,绫 1 匹,纺丝 1 匹,木棉 3 斤。差距是不是非常大?

有些读者可能会问,这些年例到底能折合现在的多少钱?因为清朝和现在没有什么比较公允的等价物可比,因此不同的研究人员得出的结论也差别很大。

大家要注意的是,这是"年薪",所以说对于低等级后宫人员,手头也并不是我们想象中的那么宽裕。

当然,除了这个"宫份",这些人员还有一份"福利",就是"日用",也就是吃的。我们同样以皇太后和答应为例来看一下。

皇太后"日用":猪 1 口,羊、鸡、鸭各 1 只,新粳米 2 升,黄老米 1 升 5 合,高丽江米 3 升,粳米粉 3 斤,白面 51 斤,荞麦面、麦子粉各 1 斤,豌豆 3 合,芝麻 1 合 5 勺,白糖 2 斤 1 两 5 钱,盆糖 8 两,蜂蜜 8 两,核桃仁 4 两,松仁 2 钱,枸杞 4 两,干枣 10 两,猪肉 12 斤,香油 3 斤 10 两,鸡蛋 20 个,面筋 1 斤 8 两,豆腐 2 斤,粉锅渣 1 斤,甜酱 2 斤 12 两,清酱 2 两,醋 5 两,鲜菜 15 斤,茄子 20 个,王瓜 20 条,白蜡 7 支,黄蜡 2 支,羊油蜡 20 支,羊油更蜡 1 支,红箩炭夏 20 斤、冬 40 斤,黑炭夏 40 斤、冬 80 斤。

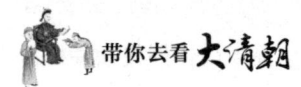

看了开头"猪1口,羊、鸡、鸭各1只",有些读者可能会问:弄错了吧?这是"日用"?是不是"月用"啊?实际是你想错了,确实是"日用",就是皇太后每日定额分配这些东西。大家可能不知道,这些东西不止是皇太后一人享用,这是分给皇太后所属的整个慈宁宫的,整个皇太后所属有几十人吃饭呢!下面所说的也同样情况,是包括本人和所有下人的份例。

答应"日用":猪肉1斤8两,羊15盘(每月),鸡鸭共5只(每月),陈粳米6合,白面2斤,随时鲜菜2斤,黄蜡1支,羊油蜡1支,黑炭夏5斤、冬10斤。

是不是也是差距巨大?

除了"日用",还供给各处"铺宫",就是办公室用品,同样等级差别巨大。皇太后、皇后宫内的用品,大到摆设的桌子,小到火钳、茶盅,全都配备齐全,而最低等级的答应只配铜蜡签、铜签盘、铜舀等几种日常用品。

而下人,如太监、宫女等等级同样森严。溥仪《我的前半生》中说得很清楚,宫中太监按系统说,大致可分为两大类,一类是在太后、帝、后、妃身边的太监,一类是其他各处的太监。无论哪一类太监,都有严格的等级,大致可分为总管、首领、一般太监。太监的月银按规定最高额是银8两、米8斤(日用,笔者注)、制钱1贯300,最低的月银2两、米1斤半(日用,笔者注)、制钱600。对于大多数太监,特别是上层太监说来,这不过是个名义上的规定,实际上他们都有各种各样的,集团的或个人的,合法的或非法的"外快",比名义上的月银要多到不知多少倍。

怎么样,看了这些介绍,对清朝皇宫内的收入大体也有所了解了吧?

3. 清朝商人会馆与商业秩序

在清朝，如果有人在京城、省城或商业比较发达的地方突然遇到疾病或者其他困难，或者想见见老乡，那么有一个很好的去处能解决遇到的问题，那就是会馆。

会馆，有的地方也叫公所。这种机构起源很早，汉代京师已有雏形，只不过早期大部分是为官员、应试士子服务的官员会馆。发展到明清时期，商人会馆、行业会馆都已成气候。近现代的"同业公所""同业公会""同乡会"，以及海外各国大名鼎鼎的"唐人街"，都是同类性质的机构。

可以说，商人会馆的形成和明清商品经济的高度发展密不可分。在当时重农轻商的大环境下，商人地位不高，出门在外更是困难重重，要想有一个良好的商业环境更不是凭一己之力就能做到的。商人会馆就在这种背景下应运而生。同一会馆的商人可以通过相互的联合和帮助，增强其市场的竞争力，这样，同一地区或同一行业的商人在会馆的招牌下团结起来，凝聚为一个整体，就可以使同乡共业的商人都有生存机会。

作为会馆，时人总结其有"祀神、合乐、义举、公约"的功能，算是一种比较中肯的评价。

首先说说会馆的"祀神"功能。大家现在去参观一些会馆，比如

山西会馆、江西会馆等，会发现这些会馆都附设在庙宇中。实际上，这与当时的社会大环境有密切关系。因为清朝对民间组织结社控制非常严厉，商人们如果以维护共同利益而纠合在一起，很容易会被人扣上"结社"的大帽子，最后不仅不能维护自己的权益，还会贻人口实，因此他们以设庙祭祀本籍神灵为"外衣"，在其中设立办公场所，为同乡提供聚会、交流场所。而且，选择设立庙宇"祀神"还跟我国古代的宗教信仰有深刻的联系。各地供奉的神灵都不相同，各具地方特色，比如江西商人建万寿宫，安徽商人建紫阳宫，福建商人建天后宫，广东商人建南华宫，各不相同。这些庙宇定期举行祭祀，为同乡人群树立了集体象征和精神纽带，加强了相互间的交流，增强了会馆的凝聚力。

"合乐"则是为流旅人士提供了聚会与娱乐的场所。其实"乡愁"不是现代人的专利，古人对身处异乡感触更深，所以，会馆给同乡人提供了一个缓解乡愁的场所，特别是年节之时，这一功能更为突出。这是凝聚同乡人的有力手段。同乡聚会当然不会干坐着说话，因此你会发现几乎每座会馆内都会有戏台，供唱戏之用。

"义举"，是指兴办善举是会馆、公所重要活动之一。做生意谁也不敢保证一定能财运亨通，远投异乡，人生地不熟更是如此，所以有长远眼光的生意人都会为此预做防范。还有疾病、横祸、客死异乡，这些谁能说得准呢？再说，你在人家地盘上做生意，当地若出现什么天灾人祸、饥荒瘟疫，你能袖手旁观吗？所以，会馆就无形中具备了为同乡以及当地人进行慈善活动和为同乡人提供后援的功能。比如，几乎所有的会馆都建有寄柩（客死异乡的人暂寄灵柩）、暂厝（死后浅埋以待改葬或停柩待葬）乃至义冢（免费墓地）的服务，并形成了一系列的规章制度。同时，还设立基金救济同乡、同业中的孤老贫病，尽一切可能解决同乡遭遇的困难。后来，许多财力雄厚的会馆还兴办义塾，

第七章 资本运作催促商品经济

为同乡子女提供教育服务。

最后,需要大书特书的,还是商人会馆的"公约"功能。"公约"简单来说就是共同商议订立同乡、同业需共同遵守的规章制度。在有清一代,各地商人会馆的"公约"功能,为保证和维护正常的商业秩序,起到了重要作用。总结起来,它在维护商业秩序方面起到了以下作用。

第一,很多的会馆直接就是一处商品交易场所,是当地大宗商品的交易和集散地,相当于现在的"批发市场",在一定范围内拥有较强的定价能力,抑制了价格虚高、虚低等扰乱市场秩序行为的发生。比如在明清时期,随晋商发展起来的山西会馆、山陕会馆等直接就是当地专门的牲畜市场、庙会所在地、商品集散地。

第二,会馆为商业信息的交流分析搭建了一个平台,从而引导了商品的进出、调剂,促进了商品的流通和商业的发展。会馆从设立之初就具有同乡、同业人员聚会交流的功能,在这里,相关从业人员可以交流商品和市场信息,从而指导市场运作。

第三,会馆制定"公约",规范了市场行为,维护了市场的正常运作,保证了正常的商业秩序。比如某屠宰业商会制定的"公约",就有"上架之肉不准减价卖肥,违者罚戏一台";"外乡镇车推担挑新鲜及腌肉到襄樊两镇售卖者,无论多寡,折一半入丁祭差费";"喂户猪私杀私卖者,查出着办丁祭一次";"凡婚丧等事请屠其猪者,入庙厘钱三百文,徇情同行查出,罚钱一串文";"本行中搅乱定规故意不遵者,查出罚戏一台"等规定。这些相当于当下"行业自律公约"的规定,在当时起到了非常重要的作用。

第四,在官府行政能力不足或是财力短缺的情况下,商人会馆承担起了市场管理的功能,能比官府更及时地对商业行为进行管理。比如当时河南社旗的山陕会馆,包揽了当地的义举、商务管理,甚至治

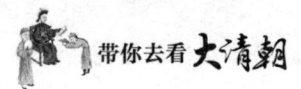

安管理;四川、重庆的八省联合会馆,几乎取代了官府的市场管理权。

总之,清朝的商人会馆适应了当时社会政治经济的需要,为维护当时的商业秩序发挥了重要作用,但是随着近现代工商业的发展,这种社会团体的建构已远远不能满足经济的发展,所以晚清以后渐渐地退出了历史舞台。

第七章 资本运作催促商品经济

4. 漕帮与漕运对清朝的影响

隋朝隋炀帝在位时下令开凿大运河，虽说当时成为压垮隋统治的"稻草"之一，但是却成为泽被后世的伟大工程之一，特别是在明清两代，更是依靠运河实现南粮北调，供应京师和边防，保证了国家粮食供应的稳定。

利用大运河运粮，被称为漕运。自从漕运伊始，围绕周围讨生活的各色人等就结成了许多大大小小的团体，不时为了争权夺利相互争斗。但是因为官府一方面需要他们有一定组织，以便于管理和利用；另一方面又担心其结社而影响清朝统治，因此对各个社团的存在睁一只眼闭一只眼，也使这些团体一直未能取得合法身份，存在于灰色地带。雍正时期，为了更好地发挥大运河功能，保障北京和边军用粮，清廷通令各省，挂榜招贤办理漕运。翁岩、钱坚和潘清三人到河南抚署揭了皇榜，向当时的河南抚台田文镜条陈整顿漕运办法，获得田文镜认可。奏请京城后，雍正皇帝饬三人归漕河总督张大有节制，并听勘视河工钦差何国宗指挥。何张二人命三人监造粮船，并督理浚河修堤工程。不久，三人又请张何二人转奏，请恩准许开帮收徒，以便统一粮务，提高效率，清廷批准所请。于是原来处于地下活动的各种社团开始以三人徒弟的身份聚集起来公开活动，正式走上前台。这就是漕帮，一个"曾经改变中国利益划分格局的潜规则制定者"。

漕帮出现后，因为获得了朝廷的准许，具有合法身份，因此迅速发展壮大。到乾隆时期，已经成为一个规模庞大、遍布运河沿线的大帮会。后来甚至传出乾隆皇帝曾经加入漕帮，并钦赐护法盘龙棍的故事。当然，这个"乾隆入帮"的传说不可能是真的，但是"拉大旗作虎皮"能拉到乾隆皇帝身上，也从侧面说明了漕帮势力的庞大。

而漕帮之所以在清朝能发展壮大，也正说明了漕运对清政府有着重要的影响。这可以从正反两方面来说明。

首先从漕运的积极方面来说，第一，漕运在我国历史上出现很早，它是我国历史上一项重要的经济制度，通过漕运，朝廷保证了其宫廷消费、百官俸禄、军饷支付和民食调剂等，对巩固统治起到了重要的支撑作用。这在清朝也不例外。

第二，漕运的主航道京杭大运河，将海河、黄河、淮河、长江四大水系联系起来，而且通过江南水网及浙赣、闽粤水道，又能与珠江水系连接，起到了"南粮北调""南布北运"的调节作用，沟通了南北经济，加强了南北交流。

第三，漕运的畅通，进一步推动了运河沿岸城市的繁荣，对沿岸城市的经济有着重要的影响。比如济宁和临清是山东运河的南北两关，在漕运中有重要地位，因此这两个城市在漕运兴盛时期都是非常著名的商业城市，但是在漕运废止后，它们也迅速衰落。

其次从漕运消极方面来说，到了清朝中后期，漕运出现了种种弊端，漕运和漕帮的危害也开始变得非常严重。这也主要表现在以下三个方面。

第一，漕运征漕加派频繁，给百姓带来沉重负担。乾隆中后期开始，吏治腐败，征漕之时杂派丛生、五花八门。据清朝《钦定户部漕运全书》记载："江右漕粮杂费之苦，较正项而倍甚。开仓有派，修仓有派，余米有派，耗米有派。每年征米，或委员佐，或差本官，仆役

第七章　资本运作催促商品经济

经承俱有常例,名曰漕费。"众多的额外加派,给有漕各省的百姓带来了沉重的负担,阻碍了社会经济的发展。

第二,漕运过程中各种贪污腐败现象加速了清政府吏治败坏,动摇了清朝统治基础。在漕运过程中,相关官员和政府部门都把漕运看作"唐僧肉",人人都要吃一口。比如州县官吏征漕时要浮收、勒折;漕粮运丁在漕粮运输时对兑粮州县勒索;甚至作为漕运最高长官的漕运总督衙门,在对漕船进行盘验时也要收"兵胥对比费"。其中的"相关人员"——漕运总督、巡漕御史、督抚、粮储道、监兑官、催漕官,以及低层的书吏、士兵,无不上下其手,从中渔利。而这一切最后都会转到百姓身上,加重了人民的负担。而从上到下的贪污腐败,扰乱了漕运,侵蚀了吏治,动摇了清政府的统治基础。

第三,最重要的还是漕运阻碍了社会经济的发展。在明清时期,随着造船技术和航海技术的发展,经由海路运输漕粮条件已经具备,但是受到既得利益阶层种种阻挠而没能得以实施。与此形成鲜明对比的是,西方主要国家已经通过大航海、海上贸易获得了巨大收益,这加剧了中国与西方列强的差距。

天下大势,浩浩汤汤,顺之者昌,逆之者亡。清朝后期,因为吏治腐败,各级官员中饱私囊,以致财政困难,无力对大运河进行大规模疏浚,使得漕运多次延误,情势逼迫之下,清政府开始办行海运,漕运开始衰落。嘉庆、道光年间,鸦片战争和太平天国农民起义的爆发,致使运河漕运多处被迫中断,进一步加剧了漕运的衰落。后来,火车的出现,更是给了漕运致命一击。于是,清政府在光绪二十七年颁布诏令,停止运河漕运,三十年裁撤漕运总督。延续数千年的漕运在社会的巨变中走向了衰亡,并最终退出了历史的舞台。

而在其中,不得不提的还有漕帮。清朝的漕帮人员,绝大多数都是中下层民众,很多都是各地的泼皮无赖或者无业游民,"靠河吃河"、敲诈勒索、行凶抢劫等违法犯罪行为屡禁不止。在清朝漕运废止后，那些被遣散的漕运人员大多身无长物，甚至无家可归，于是重新结集起来，继续为非作歹，而这些人主要源于潘清的"新安（庵）"，先是号称"潘门"，后面取潘清的"清"字，同音改字为"青帮"，成为上海滩最大的帮派"青帮"。

5. 我爱喝茶！大清茶业经济与茶叶种类变迁

茶业经济是封建社会的支柱产业之一，在清代尤其如此。茶叶是清政府对外贸易的唯一大宗商品，清朝茶业经济的兴衰，也是整个清朝社会经济发展变化的缩影。

清军入关后，经过顺治和康熙两朝，国内政局逐渐稳定，社会经济恢复发展，各地茶叶生产也同步开始发展。此后，具有悠久历史的茶产业，在被战争打断多年后，从康熙中期开始进入了又一个发展时期。

对于茶叶交易，清初延续明制，实行政府茶叶专营，禁止普通人买卖。茶叶成品一般有三种流通途径：第一，少量优质茶叶作为"贡茶"，由官府采办供奉皇族。第二，成为"官茶"。"官茶"是由官府指定茶商从产茶区贩运到陕甘等地，交售给官府的茶马司，然后由茶马司用茶叶与西北等地少数民族交易马匹。第三，成为"商茶"。"商茶"是由茶商向政府购买"茶引"后，从产茶区运销各地或输往国外，"茶引"一道，准运茶一百斤，每引征银税若干。康熙二十三年（1684）开海禁以后，清朝对外贸易发展迅速，茶叶的外销日趋增加，茶叶贸易日益兴盛。

而随着茶叶贸易的兴盛，湖南安化、湖北羊楼洞等地形成了以茶叶生产、加工及包装一体化的区域生产格局，促进了湖南及湖北当地

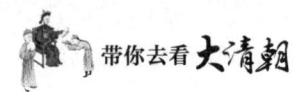

茶业经济的发展。

广东、福建一带因为广州开放对外通商，大量"商茶"也经此地集散，或销往南洋一带，或外销东印度公司。尤其在"五口通商"之后，茶叶外销急剧扩大，当地茶商借地利之便也获得了发展。

而因为茶叶产供销体系的发展，从茶叶的产区到经销区，很多的茶农、商户以及相关从业者加入进来，使得茶业经济快速发展起来。后来随着茶产业的发展，茶园租赁经营等新式商业模式也开始出现，促进了茶叶产量的提高，而同时期国内政治稳定、经济繁荣，也促使茶叶的内需大大提高，茶业经济进一步发展深化，从而带动了茶叶周边经济，比如品茶器具、茶叶包装业、运输业等的发展。

清朝茶叶早期的国际两大市场是英国和俄国。英国自1667年东印度公司第一次输送华茶开始，需求量不断猛增。1669年，英国政府规定茶叶由英国东印度公司专营，从此，英国东印度公司开始大量输送华茶进入欧洲市场。俄国是华茶的第二大消费者，输俄茶叶主要由山西晋商至闽北收茶，然后由江西转河南运销关外，北行达恰克图，而后再经西伯利亚通往欧洲腹地。在这条商路上车帮、马帮、驼帮络绎不绝，蔚为大观，成为一条重要的国际商道，号称"茶叶之路"。在随后的几十年里，国际茶叶市场对华茶的需求更是猛增，短短的二三十年，出口量增加好几倍，出口国家也不断增多，有英国、俄国、瑞典、美国、澳大利亚、新西兰等。

鸦片战争之后，开辟"五口通商"，在国际市场需求拉动下，中国茶叶出口的数额逐年呈跳跃式的递进。中国茶的种植面积、产量、茶叶出口贸易迅速扩大。至光绪十二年（1886），创华茶出口历史最高纪录，达到13.41万吨。茶叶成为中国最主要的出口商品。

但是，随着鸦片战争的爆发以及国内政治的腐败，大清帝国又一次陷入战乱频仍的境地，这极大打击了茶叶生产，同时，由于国际上

5. 我爱喝茶！大清茶业经济与茶叶种类变迁

茶业经济是封建社会的支柱产业之一，在清代尤其如此。茶叶是清政府对外贸易的唯一大宗商品，清朝茶业经济的兴衰，也是整个清朝社会经济发展变化的缩影。

清军入关后，经过顺治和康熙两朝，国内政局逐渐稳定，社会经济恢复发展，各地茶叶生产也同步开始发展。此后，具有悠久历史的茶产业，在被战争打断多年后，从康熙中期开始进入了又一个发展时期。

对于茶叶交易，清初延续明制，实行政府茶叶专营，禁止普通人买卖。茶叶成品一般有三种流通途径：第一，少量优质茶叶作为"贡茶"，由官府采办供奉皇族。第二，成为"官茶"。"官茶"是由官府指定茶商从产茶区贩运到陕甘等地，交售给官府的茶马司，然后由茶马司用茶叶与西北等地少数民族交易马匹。第三，成为"商茶"。"商茶"是由茶商向政府购买"茶引"后，从产茶区运销各地或输往国外，"茶引"一道，准运茶一百斤，每引征银税若干。康熙二十三年（1684）开海禁以后，清朝对外贸易发展迅速，茶叶的外销日趋增加，茶叶贸易日益兴盛。

而随着茶叶贸易的兴盛，湖南安化、湖北羊楼洞等地形成了以茶叶生产、加工及包装一体化的区域生产格局，促进了湖南及湖北当地

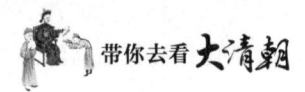

茶业经济的发展。

广东、福建一带因为广州开放对外通商,大量"商茶"也经此地集散,或销往南洋一带,或外销东印度公司。尤其在"五口通商"之后,茶叶外销急剧扩大,当地茶商借地利之便也获得了发展。

而因为茶叶产供销体系的发展,从茶叶的产区到经销区,很多的茶农、商户以及相关从业者加入进来,使得茶业经济快速发展起来。后来随着茶产业的发展,茶园租赁经营等新式商业模式也开始出现,促进了茶叶产量的提高,而同时期国内政治稳定、经济繁荣,也促使茶叶的内需大大提高,茶业经济进一步发展深化,从而带动了茶叶周边经济,比如品茶器具、茶叶包装业、运输业等的发展。

清朝茶叶早期的国际两大市场是英国和俄国。英国自1667年东印度公司第一次输送华茶开始,需求量不断猛增。1669年,英国政府规定茶叶由英国东印度公司专营,从此,英国东印度公司开始大量输送华茶进入欧洲市场。俄国是华茶的第二大消费者,输俄茶叶主要由山西晋商至闽北收茶,然后由江西转河南运销关外,北行达恰克图,而后再经西伯利亚通往欧洲腹地。在这条商路上车帮、马帮、驼帮络绎不绝,蔚为大观,成为一条重要的国际商道,号称"茶叶之路"。在随后的几十年里,国际茶叶市场对华茶的需求更是猛增,短短的二三十年,出口量增加好几倍,出口国家也不断增多,有英国、俄国、瑞典、美国、澳大利亚、新西兰等。

鸦片战争之后,开辟"五口通商",在国际市场需求拉动下,中国茶叶出口的数额逐年呈跳跃式的递进。中国茶的种植面积、产量、茶叶出口贸易迅速扩大。至光绪十二年(1886),创华茶出口历史最高纪录,达到13.41万吨。茶叶成为中国最主要的出口商品。

但是,随着鸦片战争的爆发以及国内政治的腐败,大清帝国又一次陷入战乱频仍的境地,这极大打击了茶叶生产,同时,由于国际上

第七章 资本运作催促商品经济

与中国相邻的几个国家如锡兰、印度等国也开始大量生产适合欧洲人饮用习惯的红茶,中国外销茶叶逐年减少,由此中国茶业开始衰落,茶业经济也走向了没落。

但是在这一过程中,中国的茶叶品类也得到了极大发展,新的茶叶种类不断出现。

清代,茶树培育实现了扦插无性繁殖技术,改变了茶树只能有性繁殖的旧观念。无性培育技术的出现,为茶农大量培育优良茶树品种,快速发展良种茶园提供了切实保障,使高品质茶树的繁育周期大大缩短,种植范围和茶叶产量迅速提升。

此外,在闽北一带,另一种无性繁殖技术——压条繁殖也开始大规模推广,有力促进了福建地区高品质茶叶产量的提升。

在此进程中,制茶工艺也随之翻新,于是开始出现了一些新的茶叶种类。首先是红茶。虽然明代就已出现红茶,但总体来说,清代以前,中国茶叶还是以绿茶为主。到清中期后红茶得以快速发展,大量外销。由于外销红茶供不应求,工夫红茶品种不断增多,如福建的坦洋工夫、白琳工夫,安徽生产的"祁红",云南生产的"滇红",江西的"宁红",湖南的"湘红",广东的"英红",浙江的"越红"等。

而在茶叶生产过程中,茶叶匠人不断创新生产工艺,糅合红茶和绿茶生产工艺,发明了"半青半红"的乌龙茶,随后传播至闽北、台湾等地。

轻发酵的白茶也在清代出现,福建福鼎的白毫银针出现于1796年,出口销售多个东南亚国家和地区。

还有黑茶,早在明代洪武初年四川就有生产,入清以后,黑茶成为湖南安化等地的特产。

这些轻发酵茶、半发酵茶、全发酵茶、后发酵茶类的大量出现,丰富了中国的茶叶花色品种,为随后中国茶业的发展打下了基础。

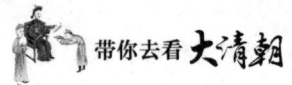

至此，我国的六大茶类：绿茶、黄茶、白茶、乌龙茶、红茶、黑茶，全部具备。

随后，这些不同制作工艺的茶叶种类，各自出现了一些著名的品牌，大约有40种，如：武夷岩茶、西湖龙井、洞庭碧螺春、黄山毛峰、新安松罗、云南普洱、闽红工夫茶、祁门红茶、六安瓜片、紫阳毛尖、天尖、庐山云雾、闽北水仙等。

6. 晋商票号与商品经济

你知道我国的最早一批商人是出现在什么时候，出现在哪里吗？你能够想象我国的第一批商人是什么样子的吗？接下来，我们就带领大家一起走进清朝的商业中心，去感受清朝经济的独有魅力。

说到贸易，其实就是经商，取经营商品的意思。但是还有一个与经商差不多同音的词，对我国商业的开始和发展起了重要作用，这就是"晋商"。晋商，指的是山西商人。山西，一个出产老陈醋的地方，一个世界闻名的面食王国。就是这样的一个地方，一群吃着面食、喝着陈醋的人，用自己的手段在那个有着特殊历史背景的时代"开疆拓土"，打开了我国的商业篇章。说到这里，你可能表示怀疑，难道在清朝以前都没有人做生意吗？当然不是，在历朝历代都有商业，这是肯定的事情。但是为何说到了清朝才算是形成了一批真正的商人呢？其实也好理解。在封建王朝的统治时期，绝大多数时代都奉行这样一个政策，那就是重农抑商。为何？首先是战争的需要。农民能够为战争提供稳定的粮食和军马所需要的草料，同时通过战争得到的土地也需要农民去开荒，所以古代需要大量的农民，且历朝历代都是如此，因此在古代，农民的地位是比商人高的。其次是财政的需要。古代农民种地是需要交租税的，国家能够从农民的耕种中得到稳定且数额可观的税收，如果大力发展商业，那不仅粮草没有稳定的保障，财政上也

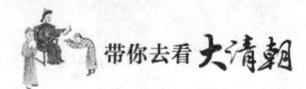

得不到持续有效的补充。最后是防止巨额的财富掌握在个人的手中,威胁国家的安全。所以无论从哪个方面来说,封建王朝的绝大多数时候采用的都是重农抑商政策。商人的社会地位提高不上去,商人也就没有了经营的热情。在古代,如果不是家中没有土地,一般人是不会选择经商的,这一点与现在的社会有很大的不同。但是到了清朝,外忧内患,清政府的实力已经大不如从前,既没有有效的力量来抵御外敌的入侵,也没有足够的实力来捍卫"重农抑商"这一封建铁律。外国人用坚船利炮打开了国门,又在内地开铁路、采矿、航行轮船,这摆明了是要把外国的资本引进来,让它在清朝生根发芽。于是一群山西人看到了商业即将发展的趋势,开始做起了生意,从而出现了有名的晋商。

我们说晋商产生的时代背景有了,但是为什么是山西这个地方,而不是其他的地方呢?这其中自有原因。山西晋中、晋北地区的自然条件相对恶劣,在以农业为根基的封建社会,它的发展一直是十分滞后的。到了清朝,社会的动荡以及国家的经营不善,导致当地的人民生活更加艰苦,这些世代务农的农民为了生存和发展不得不离开自己祖祖辈辈赖以生活的贫瘠土地,到外地谋生,这就相当于现在出外务工的农民工兄弟一样,只不过当时的那些人是外出做生意。这些走南闯北的山西人,从自己贫瘠的家乡"移民"出来,"人挪活,树挪死",这些山西汉子开始涉足南北的商贸,在富庶的华南地区与还处于游牧的蒙古之间来回行商,积累了巨额的资本。渐渐地,这些人在全国有了很大的名气,他们相互扶持,也获得了社会认同,由此就形成了很有实力的商业圈。

既然知道了晋商的产生,那你也许会问,那这些晋商到底靠的是什么发展起来的呢?他们的商业法则又是怎样的呢?其实,山西人靠的是团结、诚信来稳固自己的商业地位的。山西运城是关公故里,关

第七章 资本运作催促商品经济

公义薄云天的信义深深影响了这里的人，再加上晋北五台山是佛教胜地，独有的社会文化和宗教文化使得山西形成了崇德、明信的良好社会风气。这些在外漂泊的人，骨子里都受这些东西的影响，他们讲诚信、重义气，为他们的商业贸易提供了最好的保障。后来，随着票号的产生，山西人正式走到了清朝商业的中心。

票号，其实是一种介于钱庄和银行的旧式金融组织。以前的资金流通全靠镖局来押运，不仅物资不安全，还有可能在半道被歹人甚至是镖局的人监守自盗、谋财害命，更为致命的是一旦发生战乱，就完全无法运转。在这种情况之下，为了方便资金的周转和运输，就成立了票号。又因为当时做生意的大多是山西人，执掌票号的也多是山西人，所以这种票号也被称为"山西票号"。自从有了票号之后，山西人的生意可以说是越做越大，究竟是山西人成就了票号，还是票号成就了山西人，后世说法不一。但是可以肯定的是，票号绝对是晋商的一张最亮丽的名片。

山西票号的号规极为严格，如票号中便有一个叫作"十不准"的规定。这"十不准"中就包括不准嫖妓宿娼，不准吸食鸦片，不准打架斗殴，不准私营放贷，不准贪污盗窃，不准假公济私等，总之十分严格。一旦违反规定，就会被立刻除名，断送经商的生涯。这种严厉的行规确保了资金来源的正常可靠和使用的合法合理，很大程度上成了山西票号的特点和吸引眼球的手段。这种规章制度给票号带来了巨大的经济效应，对票号的治理发挥着积极的作用。

其实票号就有点像银行，只不过它是通过商人之间自己组织的，在全国各地都开有分号，其发展程度可见一斑。票号之所以有如此规模，一个很重要的原因就是其优异的制度。这个制度就相当于现在的股东制度和分红制度。当时曾有一句广为流传的话："薪金百两是外人，身股一厘自己人。"这与现在的股东制度很是相似。我们可以想

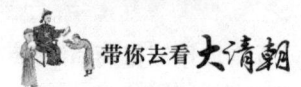

象,如此规模的票号,其分红的利润可想而知,所以许多人挤破脑袋都想成为其中的股东。最为特别的,也最为让人眼红的是它的分红制度。抛开股东每年所能够分到的利润不说,票号规定,股东不用承担任何的本金亏损。意思就是股东只管分红,一旦票号搞砸了,也不需要承担本金亏损。说得再直白一点,就是赚了有你的,亏了不关你的事,你只负责有福同享,不用有难同当。这样的分红制度简直是所有股东的福音。不仅如此,手中的股份还能够在一定的时间限制里供自己的子孙使用,最长可以达到七年,这样的制度简直就是完完全全地以人为本,在当时实在是不可想象。这些制度看起来是为了员工及股东着想,有的时候甚至牺牲票号的利益,但实际上,正是这样的制度使得票号的所有股东及员工团结一致,高涨的工作热情使得票号的生意也是越来越好。这样的激励制度十分符合现在的激励思想,在当时看来也确实是很先进的,票号也是凭此名扬天下。

　　既然这个堪称是古代银行的票号创建并逐步发展起来,那由此也可见当时的社会贸易已开始繁荣。在这里我们可以回顾一下当时清朝的经济背景:随着列强进入国门,原本就十分腐朽的政权也摇摇欲坠。列强见政权衰弱,便以强权相欺,使自己获得了在中国开煤矿、修铁路、航行自由等特权。紧接着,外国的资本开始进入中国,生根发芽。到这一时期,小农经济就开始隐退了,商品经济逐步发展。外国的资本在中国卖洋货、开工厂,赚的令人眼红。清政府这才意识到贸易的厉害,本就财政羸弱的政府不再高喊"重农抑商"的大话了,也开始鼓励一些民族资本家来经商,以增加税收。至此,商品经济算是上了路。既然有了商品经济,那具备存款、汇款以及借贷功能的票号出现也就一点也不奇怪了。更为讽刺的是,原本商人算是处于比较低的社会层次,这样一来变成了较高的社会层次。甚至于在清朝财政拮据的时候,政府还要恳求票号来筹措军饷,借钱以运转机构,未免让这些

第七章 资本运作催促商品经济

士人有点尴尬。

但自古以来盛极必衰,不能适应时代的东西注定要淹没在历史的潮流之中。清朝灭亡后,票号已经适应不了新的社会体制,就慢慢地退出了历史的舞台。为何票号规模如此之大、制度如此之好,却适应不了新的时代呢?这其中自然就是晋商的封建性以及与新的资本产生。虽然票号退出了历史的舞台,但是它对清朝经济的影响却是不可估量的,成了后世研究清朝经济的重要突破口。因商品经济产生的票号虽已退出了历史的舞台,但是商品经济却是越来越繁荣,当然这些都是后话。票号虽然已经没落,但是作为曾经执掌票号的晋商们,为中国留下了丰富的建筑遗产,如著名的乔家大院、常家庄园、曹家三多堂等。时至今日,我们早已经不再去讨论那些晋商的手中曾经掌握着多少的财富,但是他们留下的这一笔建筑遗产却令后人流连忘返。

除了这些建筑遗产,最令人津津乐道的恐怕就是那些有名的晋商了。晋商之中出名的有很多,像乔致庸等。

第八章

不可不说的医疗与教育

导语

在清朝,不小心生病了怎么办?该去哪里看大夫?当时的医疗水平怎么样?"十年寒窗无人问,一举成名天下知",清朝的学子们如何参加科举考试?谁更容易考中?接下来的一章,让我们一起去感受一下清朝的这些问题。

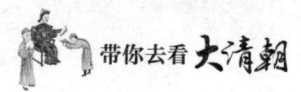

1. 皇室生病了怎么办?

生老病死,人人脱不开的四件大事。普通人生病了,通常只能去药铺请坐堂先生给开点药,或者请专门的医生给上门瞧一瞧,或者请"游方郎中"给诊治一番。但是,皇室生病了,可去专门的医疗机构,这就是清朝的太医院和御药局。

历朝历代的皇室都有专门的医疗机构为其服务,只是到了金代才开始叫"太医院",属于宣徽院辖下,长官称"提点",正五品。明朝迁都北京后,建太医院于前门内东交民巷西口路北。之所以建在这里是因为附近衙署较多,且距紫禁城很近,便于为皇室及官员看病。直至清中期,清朝太医院一直在这里。

太医院是五品衙门,所有医务人员都有相应的职位,堂官称院使,相当于院长,五品官;副职称为左院判、右院判,六品;下属官员为御医,八品。到雍正时期改为御医均受正七品,许用六品冠带。还有吏目、医士、医生等,这些人员享受从九品待遇,一般通称御医(又称太医)。

太医院按病症分类设科,各科都有专科医生。虽然在康熙年间已有西药进入宫廷,以后历朝也引进了西医、西药,但太医院开设的科目自始至终均为中医科。

当然,清朝的太医院和御药房也跟历代的太医院一样,承担了多

第八章 不可不说的医疗与教育

个职能。通过这些介绍我们知道，太医院是不对平民百姓开放和服务的。当然也有特殊情况，比如在顺治、康熙年间，太医院曾在北京城内设药房、药厂多处，为平民免费诊病施药。

在平时，太医院每天都会安排御医轮流值班。值班分两种，一种是为皇帝、妃嫔看病、配药的"内值"，或称"宫值"；另一种是为太监、宫女等皇宫服务人员诊病的"六值"。其他不当值的御医也不是在闲着读书、看报、喝茶、闲谈，因为太医院除了为皇宫服务，还承担着王公、公主、驸马以及一定品级的文武大臣等人的医疗服务。这些人有了疾病，可以上奏请求太医院派御医诊病。一般情况下这样的请求都是会照准的。按照流程批准后，太医院奉旨派医官前往诊治，结束后还要将治疗经过向皇帝奏报。如果是在外地的公主、驸马及台吉大臣有病，御医也要奉旨携带药品前往诊视。其他特殊情况下，比如军营比校、文武会试，太医院要派人前往应差。更特殊的情况，比如刑部大牢里的囚犯犯了病，按规定也是要太医院派人诊治的。

那么，太医院的御医是如何来诊病的呢？对不同身份的人员，御医需要有不同的诊病、治病流程。

先说给皇帝诊病。皇帝病了，会派主管御药房的太监到内值御医处传达命令，然后当值的院使或院判与御医在主管太监的陪同下去给皇帝瞧病。虽说古代中医讲究"望闻问切"四诊法，但是在皇权时代，望是不可能的了，因为不能抬头盯着皇帝看呀，更别说让他伸舌头、看舌苔什么的了。同样的，闻、问诊病也不可能，于是就只能靠切脉诊病了。

切脉时，先由值班的院使或院判诊脉，接着再由值班御医诊脉，退出之后各自发表诊脉意见，大家一起拟定一个处方，拟好后跟皇帝解释清楚，皇帝同意服用了，就将处方一丝不苟地写下来，药方下要

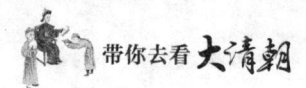

写明本方的药性、禁忌事项等。然后参与诊病的御医在药方上各自签名，这叫"合方"。随后与太监一起到御药房取药，过程中太监是一直在侧的。药物取好后，包封，然后同样由各人在药的封口处联名签字。然后再另具奏本，说明开具的这个方子的药剂性能和治疗方法，在文末日期之下医官与太监再次联合署名后，才能将药方、药剂和奏本一同进呈。管事太监收到后，还要随即登记簿册，日期之下仍要由医官第三次签名，并交太监收掌，以凭查考。

这样，药准备好了，开始煎药。煎药时同样需要医官和太监共同监视，煎药时要两服合为一服同煎，煎好后一分为二，将其中一份按御医、院判、太监的次序分别品尝，无特别情况之后，再将另一服进呈皇帝服用。如果是方子简单，也可奏明将药方交御药房按方煎制，"合方"后的程序都由御药房办理。乾隆初年，改为所有的方子都由内监煎制，医官不再过问。另外，按照常例，皇帝得病，每天开的药方都要分抄给内务府大臣们每人一份，如果是重病，还要抄给军机大臣一份。

皇太后、皇后的诊病流程与皇帝差不多，但如果是其他的内宫嫔妃，事情就有些麻烦。除了"男女大防"，还有这些后妃的病大多数都与情志不舒有关，心情烦闷之下，哪会乖乖地让你看病！各种奇葩的要求都会出现，《西游记》里孙悟空那种"悬丝诊脉"也出现过，把丝线拴到椅子腿上也有过。所以，没办法，大多数时候，御医就会提前通过来传话的内监，了解他家主子的症候，到了地方再察言观色一番，然后开方。

前面也说了，太医院不仅为皇宫大内服务，也会为公主、驸马、王公贵族和有品级的大臣出诊。

光绪二十七年（1901）《辛丑条约》把东交民巷划归使馆区，里

第八章 不可不说的医疗与教育

面的清廷衙署全部迁走，太医院先是搬到东安门大街御医白文寿家，后又移至北池子大悲观音院，光绪二十八年（1902），开始在地安门另建新署。民国时期，太医院被废，太医院这个名字从此只留在了历史中。

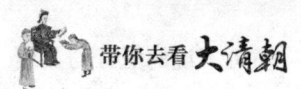

2. "大清药王"同仁堂创始人乐显扬的商业秘密

乐显扬(1630—1688),号尊育,祖籍浙江宁波府慈溪县(今江北区慈城镇),慈城乐氏旅京始祖乐良才四世孙,同仁堂创办者,晋封文林郎,赠中宪大夫。

乐显扬早期传承祖业,是一位走街串巷的铃医,后来经人介绍入太医院任吏目,在接触了宫廷以及官场的黑暗以后,心生退意,觉得"可以养生,可以济世者,唯医药为最"。于是在康熙八年(1669)辞去太医院之职,开始为病家诊脉、开药方,同年秋天,在西打磨厂开设"同仁堂"。在随后的三百多年间,同仁堂几经起伏,到现在已经成了中医药的一张名片,其中乐显扬作为同仁堂肇始之祖功不可没。那么,乐显扬在经营上又有哪些独家"商业秘密",使同仁堂能够脱颖而出呢?

首先就是乐显扬本身的医学修养。在太医院期间,乐显扬接触到很多宝贵的医药书籍和清室秘方,结合祖传医术,使他的学识和医术升华到一个新的境界。人称他"善辨药材疑似",不论什么药材只要一上手,便能真假好坏立辨。"术业有专攻",有了领先他人的先进技术,才有了与他人一争长短的资本。

其次就是乐显扬为同仁堂树立了以质量为根本的经营理念。他曾说:"古方无不效之理,因修合未工,品味不正,故不能应症耳。"所

第八章　不可不说的医疗与教育

以他开设同仁堂后,要求一定选用地道药材,精工炮制,决不拿粗制滥造的伪劣药品害人,因此名声渐起。他将药铺命名为"同仁堂药室",这个名字是怎么得来的,后世人有多种说法,但是它得到了乐显扬的喜爱是真的,认为这个名字"公而雅",应该是其中也合了他的经营理念吧!

其后的历代经营者也都继承了这一理念。乐显扬去世后,其三子乐凤鸣(1661—1742)接手执掌同仁堂,在康熙四十一年(1702)将"同仁堂药室"迁至北京前门外大栅栏路南,并改名为"同仁堂药铺"。乐凤鸣幼承父学,精通医药,他历经五年艰辛,加意寻求各类丸散膏丹剂型配方,并加以改良,在康熙四十五年(1706)将其分门别类汇编成书,起名《乐氏世代祖传丸散膏丹下料配方》。此书收录古方、宫廷秘方、家传秘方、历代秘方362种。他在书中提出"遵肘后,辨地产,炮制虽繁必不敢省人工,品味虽贵必不敢减物力"的制药规范,比如说同仁堂不管炮制什么药,都是该炒的必炒,该蒸的必蒸,该炙的必炙,该晒的必晒,该霜冻的必霜冻,绝不偷工减料。像虎骨酒和再造丸炮制后,都不是马上就卖,而是先存放,使药的燥气减少,以提高疗效。虎骨酒制成后要先放在缸里存两年,再造丸要密封好存一年。通过这样一整套严格的选料、配料、炮制等工艺规范,使同仁堂生产的丸散膏丹迅速赢得了市场和声誉。

再次就是一切为顾客着想的经营理念。虽说三百年前的同仁堂经营者讲不出这样的现代理论,但是其本质是相同的。

比如在乐凤鸣期间,为了医家和病人便于开方选购,同仁堂编印了《同仁堂药目》。该书很快就流传至全国各地。其实这开始只是为了方便医生和病人,但是因为这样一个其他药铺所没有的举措,使得同仁堂名声大振,并且博得了朝廷的赏识,被皇帝钦定为御药房的供奉,成了御用药品采购单位,一直到清朝结束。为了方便病家,同仁堂还

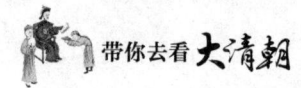

代客煎药,这一规矩也从未间断。

最后就是一些超前的经营举措,也使得同仁堂的名气和在普通人心中的好感度大增。比如其后代主持同仁堂时,会在逢全国举子赴京会试时,派人到各地会馆向全国举子免费送时令药品,这样通过应试举子将同仁堂的名声传向全国各地。同仁堂还广做善事,冬天为贫苦百姓开粥厂,夏天送防暑药,举办义学,舍施棺材,都使同仁堂及老乐家被众多平民百姓交口称赞。北京每年要挖城沟清淤,乐家就在入夜时在沟边挂上同仁堂的灯笼便利行人,防止行人因天黑看不清路而掉入沟内。同仁堂还根据过去店里着火的教训,出资购买德国水车和消防器材,办起同仁堂普善水会,哪里有火灾就到哪里去扑救,到处都能看到同仁堂救火队的身影。光绪年间,皇宫失火,同仁堂的救火队将烈火扑灭。慈禧太后得悉,传令嘉奖,并封同仁堂普善水会"小白龙"称号,从此同仁堂更是名扬京师。

有了这样一些基础性的经营举措,同仁堂能够迅速壮大也就顺理成章了。而使同仁堂能够在清代屹立不倒的,就是同仁堂当上了御药房的供奉。按照现在的话来说,就是获得了政府采购的独家经营权。虽说开始时当御药房供奉的同仁堂要按宫廷所需自筹资金去进行采购,稍有不慎还会造成经济、人身双重损失,可谓性命攸关。但是反过来说,也正是因为被皇帝看中,钦定为御药房供奉,因此可以身挂腰牌,出入宫禁,同仁堂才受到同行尊敬,同时也为同仁堂减少了很多的背后算计,也让病家更加信任同仁堂。所以,在同仁堂当上了御药房供奉之后,其业务很快获得了极大扩张。当然,与官府打交道也有风险,比如押款、低价等,同仁堂在与清政府打交道的过程中也受到了一些挫折,但是在各代掌柜的努力下,后来清政府下旨同意官药价格随行随市,这让同仁堂迅速积累了财富。有一件事可以说明同仁堂乐家的富裕程度:从光绪皇帝登基直至清朝被推翻,同仁堂为宫廷垫去药银

第八章 不可不说的医疗与教育

近19万两和制钱20多万吊,溥仪逊位,清廷无力偿还,乐家就自愿将此账一笔勾销。

当然,关于乐显扬及其后人经营同仁堂的风风雨雨,大家如果有兴趣的话,前些年的电视剧《大宅门》《大清药王》等也许能让你一窥其中奥秘。

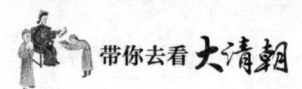

3. 上学？学校教育制度的变迁

清朝人如何接受教育？那时候的教育制度是怎样规定的？相信很多的同学会很感兴趣。下面我们就从清朝的教育制度说起，跟大家聊一聊清朝人与上学有关的那些事。

清朝在鸦片战争前的教育制度设计沿袭明制，分中央和地方两类。

在中央层面上，最高学府是国子监。清初跟明代一样，设北京和南京两处国子监，但是在弄明白明代南北两处国子监的来历后，就在顺治七年（1650）将南京国子监改为江宁府学，只保留北京国子监了。按照明清规定，国子监既是国家的最高教育管理机关，又是最高学府，因为它管理着国家的官学，所以被称为"监"，又因为同时也是直接教育学生的学校，所以也有人沿袭明之前的旧制，称之为"太学"。

国子监下设四厅：绳愆厅、博士厅、典簿厅、典籍厅。

绳愆厅：主管国子监的监督核查，对犯错的师生进行惩处，大体相当于今天的教导处。

博士厅：国子监主管教学的博士的办公场所，大体相当于现在的教研室。

典簿厅：勉勉强强算校办（学校办公室、校长办公室）。

典籍厅：大体就是图书馆、档案馆。

除四厅外，还有办事机构，比如钱粮处（掌管钱粮出入，类似于

第八章 不可不说的医疗与教育

后勤总务)、照房(掌管贡生、监生执照,类似于学籍管理科)、当月处(传抄皇帝谕旨,收取各衙门公文后登记入册,类似于收发室)、档子房(掌管翻译、缮写满文奏折和各衙门公文,办理官员京察册籍等,类似于秘书处)。

在人员方面,清初时,祭酒为其最高官员。在雍正初年,皇帝"特命康亲王、果郡王领监事",从此国子监一直由皇帝特派的大学士、尚书、侍郎等高官兼任国子监管理监事大臣,总理本监事物,直接向皇帝负责。但是这管理监事大臣更多的是一种"分管"、"兼任"或者"校董"之类的角色,主要负责重要决策和对上申请、汇报等事务,国子监的日常事务、管理仍然由祭酒负责。

国子监祭酒相当于现在的学校校长,一般为从四品,主管国子监一切事务,满汉各一人。值得一提的是,历朝历代的国子监祭酒都是一个清贵官职,不是有名望的当世大儒、名人不能担任,清代有多位名人担任过国子监祭酒,比如刘墉、纪昀、王懿荣、吴伟业、王士禛等。

祭酒下面是司业,相当于学校的副校长,正六品,满汉各一;再下是监丞(类似于教导主任、政教主任,正七品)、博士(类似于教研室主任、教授,从七品)、助教(类似于副教授、讲师,从七品)、学正、学录(班主任,正八品)、典簿(类似于办公室主任,从八品)、典籍(类似于图书馆馆长,从九品),另外还有一些无品级的办事人员。

说过了教职员工,再说学生。当时的普通百姓能不能到国子监去当学生呢?这还真不能。国子监的学生来源有两类:贡生和监生。这两类都需要有功名(秀才以上)或有家世(文官京官四品以上、外官三品以上,武官二品以上)或有特殊情况(皇帝恩典、一定品级殉于国难官员的儿子等)。当然,也有特殊渠道,那就是例监和例贡,即捐纳钱粟而进的,但这种方式常为人轻视。

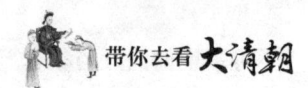

需要说明的是，国子监主要是招收汉族读书人，满族人另有就学途径：第一种是宗学，顺治十年（1653）每旗各设一处，只要是宗室中没有封号的、十岁以上的，都要进宗学学习；第二种是觉罗学，招收觉罗中八岁到十八岁子弟；第三种是旗学，类似于私塾了，招收宗室、觉罗外旗人子弟。

后来又陆续开设了算学馆和俄罗斯学馆。

上面所说的是中央层面的教育机构，在地方，就按照行政区划，逐级设立府学、州学、县学。府学的管理者叫教授，州学称学正，县学称教谕，另外还都配备训导一人。为了让孤寒者就学，各地后来增设了"义学"。为了"化民成俗"的需要，还在"大乡巨堡之地"设立"社学"。再后来为了加强对少数民族地区的管理，又在云南、贵州、广西等地区开办"义学"，招收少数民族学生。但是，无论是国子监还是地方各级学校，招生数量都有限，入学门槛也高，所以更为广泛的还是各村、社、里等开办的私塾，教学质量良莠不齐。

在鸦片战争前，所有的官办、民办学校的课程都是为了科举而设，实用性的课程几乎没有。

鸦片战争后，西方殖民势力逐渐深入全国各地，特别是一些传教士为了传播西方的宗教和文化，在中国开办了一种新式学校——教会学校。教会学校开办的直接目的是培养为西方人服务的中国人，所以开设的课程主要是数学、地理和英语，后来又扩大到开设中文、宗教、代数、几何、化学、自然等科目，与清政府截然不同的教学内容、课程设计对清朝的教育改革起了示范作用。而太平天国政权采取的教育制度也废除了出身、性别的限制，给了时人很大的冲击。

第二次鸦片战争后，虽然顽固派仍然死守祖宗之法，但是在洋务派等"睁眼看世界"人物的推动下，开始仿照西方设立新式学堂，大清帝国落后的教育制度被撕开了一道口子。

第八章 不可不说的医疗与教育

1898年维新变法，1901年《辛丑条约》签订，都表明历史大势已经不可阻挡，于是在1904年，清政府颁布了几易其稿的《奏定学堂章程》(癸卯学制)，标志着中国近代学制的建立。

随后，1905年清政府废科举，废国子监，设学部主管教育。

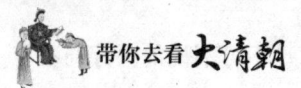

4. 清朝学术变迁之"朴学"

明代王阳明心学的出现,纠正了宋代以来程朱理学"存天理、灭人欲"违背基本天性的谬误,确立了晚明长于思辨的学术态度。但随着心学的广泛传播,很多的读书人终日谈论良知、道德,但却"束书不观、游谈无根",从而导致穿凿附会之说盛行,浅薄无稽的"帖括"之学泛滥,到后来更是杂入禅学,使学风日趋空疏浮泛、缥缈无据,严重脱离社会现实。

1644年清兵入关,清朝统治者为了实现社会的长治久安,对知识分子采取笼络与打压并举的分化政策。

社会环境的改变,促使传统学术在清代发生重大转向,众多学者开始远离时事,注意力转向故纸堆,发掘、整理历代流传下来的典籍,在发掘整理的过程中对其中的谬误和不合情理之处引经据典进行正本清源,使得考据之风盛行。同时,由于晚明以降学术思想的转变,使知识分子阶层认识到宋明理学空谈义理,对国计民生不闻不问,只强调个人的道德修养,把儒家治国平天下的传统丢掉了,而且因为空谈义理,使得学术文章只见辞藻华丽,但基础浮泛缥缈、毫无理论依据,更不能经世致用。因此要想真正把握孔孟的本意,只有回到儒家原典中去寻找依据,从考证、实据的角度提出论据。这种学术上的争论最终促进了考据学的繁荣,更加肯定了杨慎、李贽等人的观点,并在他

第八章 不可不说的医疗与教育

们的基础上进行了继承发展。

最早的就是清初的黄宗羲、顾炎武、王夫之等人,他们掀起了以扬弃宋明理学为前提的复兴汉学的运动,提出了"经世致用"的口号,致力于通过对儒家经典的研究找到治世的方法。

他们力矫晚明颓风,倡导弃空谈而尚实学。这三人及同时期的知名知识分子的共同特点是研究学问时以经学考据为中心,以后逐渐发展到各种学科门类都开始注重考据。在经学方面,以汉经为主,古文经为主。三人的各种著述,为后来者确立了各种研究所遵循的学术范式。

在这三人的影响下,后人对宋朝经学的批判更加深入,颜元、李塨就明确提出了"实学",倡导"实文、实行、实体、实用"。在这些清初学者的影响下,清朝学者逐渐形成了崇尚朴素实用、不重文采的治学观点,"朴学"开始形成,并逐渐成为清代学术的主流。因为他们主张学问重史实依据,解经由文字入手,以音韵通训诂,以训诂通义理,经学有理、朴之别的学术观点。同时,他们声称是继承自东汉许慎的古文经学,与宋明理学切割,因此后人又称"朴学"为"汉学"或"考据学"。

继清初三大家之后兴起的,是清代前期对古书的疑古辨伪之风,代表人物为阎若璩、胡渭、姚际恒等。他们对许多古书进行了考证辨伪,形成一时风气,也形成了清初考证之学的基本方法,声势浩大的疑古精神撼动了经学不可动摇的神圣性,大大拓宽了清代学人的学术视野。

从康熙时期到雍正、乾隆时期,清代"朴学"逐渐进入全盛时期,各学术领域逐渐发展成熟,形成以考据为主要治学方式的学术流派,因为主要是在乾隆、嘉庆时期发展成熟,所以后人一般称之为"乾嘉学派"。

乾嘉学派的学风大体一致,基本观点认为立义必凭证据,孤证不

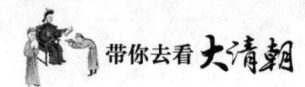

为定说,援引证据以古为尚;隐匿或曲解证据为不德,剽袭旧说为不德;辩诘不避本师,不出本题;文体贵朴实简洁,词旨务笃实温厚;反对宋明理学空论无物的弊病,务求实证。

但是由于地域、治学方法、治学宗旨等方面的不同,乾嘉学派又分为不同的支派,主要的有惠氏父子开创的吴派,戴震为代表的皖派,黄宗羲、全祖望为代表的浙东学派以及由戴学发展出来的以高邮二王、汪中、阮元等为代表的扬州学派。其中又以吴派和皖派最著名。各派治学虽各不相同,且互有争议,但都重汉学、考文字、通训诂、精校勘、善考证,推动了对前代文化的全面整理与保护。

总体来看,乾嘉学派刻苦钻研中国传统文化,治学内容以儒家经典为中心,治学方法以考据为主,学风朴实,成果丰硕,全面而系统地整理、研究、保存传统典籍,对弘扬传统文化起到了积极的作用。他们中有很多学者强调认真读书,重实证、戒空谈,主张"无一事无出处,无一事无来历",他们在治学态度上讲求实事求是,不盲目信古、泥古,形成了一套系统的治学方法,并将这种治学方法运用到经学及其他各个学科,使清代"朴学"得到全面发展,其中经学、史学的成果最为丰厚,在传统小学(古代研究文字、音韵、训诂的学科)、校勘、辑佚、辨伪、典章制度、金石、天算舆地等方面,也都取得了巨大成就。

可以说,在思想发展史上,乾嘉学派的建树并不大,但在学术研究上,尤其是在考据方法和成果上,他们是有很高的造诣和重大贡献的。

但是随着乾嘉学派的辉煌,其缺点也逐渐暴露出来:首先,"考据"虽然是各时代都用的治学方法,但乾嘉学派则是专业从事考据,把当时的学术研究全部以考据来考量,无考据不学问,认为"考据"就等同于"学问"。其次,他们更多地沉溺于故纸堆中,与他们贬斥的宋明

第八章 不可不说的医疗与教育

理学一样,开始脱离实际,也因为他们的缺陷,使得乾嘉学派开始分化,"反汉学运动"开始兴起。这场19世纪初开始的运动导致了学界的分裂,最终在战乱和西方列强带来的双重打击下衰落了。

虽说如此,但是因其积淀深厚,后继者仍不乏其人,出现了俞樾、孙诒让、章炳麟等大师级的人物。

另外由于清代末年,殷墟卜辞、敦煌遗书等出土文献的大量出现,为国学研究提供了新的材料和思路。孙诒让、罗振玉、王国维等人将出土文献与传世文献结合起来研究,成果迭出,清代"朴学"从此进入了新的历史发展时期。

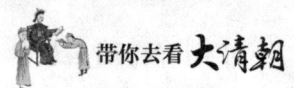

5. 什么是八股文？

如果碰到一位大清的读书人，那怎样才能让他对你产生好感？对了，跟他讨论一下如何"制义"，也就是怎样写好八股文，那应该是最快的捷径，没有之一。

那么，什么是八股文？八股文的文章要由破题、承题、起讲、入题、起股、中股、后股、束股八部分组成。因为它要求文章中的起股、中股、后股、束股四部分必须是四段对偶排比的文字，每段两句，就像人的两条腿，腿在古文中称为股，所以称为八股文。也有人说正是因为这种文体共分八个部分，所以叫八股文。其名称是不是这样得来的我们不去深究，姑且为一说吧！我们需要知道的是，八股文是明清科举考试的一种文体，也称制义、制艺、时文、八比文。

为什么在明清当时就有很多的读书人对八股文深恶痛绝？就是因为它太难了，格式要求非常严格。下面我们就详细说一下写作要求。

第一，八股文的题目要求一律出自四书五经中的原文。在施行之初还算正常，但是越到后来题目就越变态了。为什么？题目都用光了啊！你想啊，四书五经都是些言简义丰的，字句本来就少，咱们先不算平时的岁试以及县试、府试、院试，就只说每三年一次的乡试、会试，它也支撑不了多少年啊！因此后来，有的考官就把书经，比如《论语》里，这一句和那一句合起来作为题目，叫"截搭题"；或者这一句

第八章 不可不说的医疗与教育

取半截,那一句取半截;或者《论语》一句和《孟子》一句合在一起,让人看了一头雾水。

八股文各个部分的要求如下。

破题,规定只能是两句话,可以对偶也可以不对偶,但是这两句话必须严格照应题目,就是说开篇就要先把题义点明,说出文章要讲的主要内容是什么,就是现在所说的"开篇点题""开宗明义""点明文章主题"。要求这两句要概括题义、解释题义,但是绝不能直说题义,而且要符合题目所对应的朱子《四书集注》的解释说明。还有,破题时不能出现儒家先贤的名和字。

承题,有了对题目的理解,现在你要发散思维,以点见面,把文章的路子打开,但切记围绕题目,不可南辕北辙。

承题不得超过十句话,三句为标准,就是把破题中没有写明的地方加以说明,其内容要求是承接破题(所以称"承题"),围绕题目敷衍成篇。类似副标题、补充说明的作用,具有承上启下的功能。而且承题的开头,必须用"夫""而""盖"等字,结尾必须是"耳""也""乎""矣"等字。同样,在破题里面不能直接写孔子,孟子等先贤名字,在承题里无须忌讳。

起讲,最多不超过十句,是对题目的进一步阐述,较深入地说明这个题目的隐含用意,并与下文无缝衔接。用现在的话来讲就是起到"承接上文,引起下文"的作用。且开头必须是"且夫""尝谓""若曰"等词。起讲要揣摩圣人(就是孔孟等人)当时的口气。

前面这几步,考验的是你的理解能力、思维发散能力、对话题的掌控能力,如果这些能力不强,很容易偏离主题,离题万里。

在起讲之后,起股之前,可以有入题,这里的题和上面的题其实是有区别的,这里的题是你根据题目的发散和阐述以后,自己想要讨论的东西,也就是你自己文章的"论点"。这很重要,是你接下来写作

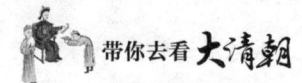

的中心思想。入题在八股文早期必须有,但是在后来出现"剜心题(一句话中取中间几个字)"等特殊题目后,就改为题目有上文者领上文以入题,无上文者可虚虚叫起本题为入题,所以最后就变成了一个过渡段而已,起承上启下、开始议论的作用。

后面四部分的起股、中股、后股、束股,总称"分股",是文章的主体部分。拿到现在来说,就是议论文的论证部分,也是最难的部分,它需要"代圣人立言",就是从圣人的话出发,写出自己对他这一理论的理解。这一部分是文章的重点,体现了你自身对书经的掌握程度和对文字的驾驭能力。这一部分的苛刻要求,就是每部分都要对仗。因为每两股必须成为一副对偶,共四组。要句式一样,词性相对,平仄相对。

起股,又叫"初股""初比""提比",是引入正文的第一段议论,就是你提出论点之后,对论点的理解,以及找到论据来支撑它,这是一切讨论的开始。

起股之后可以有一个出题的部分,作用是在起股之后,再过渡一下。

中股,是全文精华所在,是显示你真功夫的一段。它要讲出"为什么"。就是说,中股要说明你为什么要这么说。

再说后股,如果题目是两句,那么中股扣前句,后股扣后句;如果题目就一句,那中股和后股一起组成完整的论证过程。

束股,是对前文的收束。如果前面已经写完了,那么束股就可以作为对全文的总结。

在清前期,束股之后还有一个叫"大结"或"收合"、"收结"的步骤,是阐明圣意后,抒发己见的,需要兼顾时事。但在康熙年间被废止,因为这个"收结"是由考生自己写一段,容易事先准备。

乾隆年间,还加了一条规定,那就是考试的时候才由考官发给每

第八章 不可不说的医疗与教育

个考生他在破题、承题等各段起首的虚字,这样每位考生必须用和题目规定相同的虚字,也是为了防止作弊。

另外,八股文要用孔子、孟子等圣贤的口气说话,不能举风花雪月之典亵渎圣人;字数要控制在550字,或700字,或800字等字数以内。

第九章

节庆盛典如何过？

导语

　　清代都有什么样的节假日？他们在这些节假日中，都要做些什么来庆祝？想不想看一场清朝的婚礼？如此种种，想必作为现在的我们一定都是十分好奇的。那么，到底清朝与现代的节日差别、风土差异在哪儿呢？接下来的这几节，作者将带领大家入乡随俗，去感受一下清朝的风土人情。

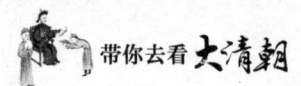

1. 玩转喜气洋洋的大清传统节日

唐宋以来，各种传统节日都有了约定俗成的庆祝方式，到了清代，同样没有什么大的改变。而对于清朝统治者来说，因为在漫长的社会历史发展中，满族先民长期与汉民族相处而居，因此受到汉族文化的影响，很多的生活习俗、节日禁忌等与汉族人民渐趋一致，所以很多汉族人的节日，满族人同样具备。同时，也具有自己鲜明的民族特色。下面我们就以满族人为代表来聊一聊大清国民是怎样过传统节日的。

在大清时期，最隆重的节日是春节，满语称作"阿涅业能业"。虽说"过了腊八就是年"，但是真正的春节庆祝活动，是从腊月二十三日"过小年"开始的。从这一天开始，随后的每一天都给安排得满满当当。老北京有一首顺口溜，就具体刻画了随后几天的安排："二十三，糖瓜粘；二十四，写大字；二十五，扫堂屋；二十六，煮年肉；二十七，杀公鸡；二十八，把面发；二十九，贴道有；三十晚上熬一宿，大年初一扭一扭。"

这里面的"二十四，写大字"，意思是说腊月二十四日就要写春联了。满族春联的写法跟汉族家庭一样，但是也有自己民族独有的特色，就是"写大字"。这个大字是指贴在影壁上的"戬谷"两个字，意思是"尽善"，就是相当于"福"字。还要写"道有（音）"，有的地方

第九章 节庆盛典如何过？

叫"道酉"，都指的是类似汉族人那种"开门见喜""招财进宝""黄金万两""人车平安"等讨喜、吉庆、可随处张贴的春联。但是满族人也更进一步，很多人改变了横平竖直的书写方式，将这些吉祥话写成了连体字、借体字。当然，这些都是用汉字书写的。

"二十八，把面发"，是说腊月二十八日就要蒸制过年的面食了：淘黄米、磨黄面、蒸馒头、蒸黏豆包、蒸年糕、烙粘水勺、做饽饽、做冻豆腐……不一而足。当然，还要制作一种满族的特色糕点——萨其马（沙琪玛），用精粉、鸡蛋、糖、芝麻、青红丝、瓜仁等原料，经多道程序做成，美味可口，是满族家庭必备的节日佳品。

"二十九，贴道有"，腊月二十九日，就要贴春联了。除了跟汉族人相类似的春联、福字、窗花、道有，还要"挂笺"（也称挂旗），而且这"笺"不是随便挂的。笺分四色——黄、白、红、蓝，对应着"八旗"，这一家属于哪一旗，就挂什么颜色的"笺"，不能乱挂。与山东各地流行的"过门钱"差不多一个意思。

过了春节接着是元宵节。满族的元宵节是正月十五日到正月十七日，共三天。跟汉族人不尽相同的，就是一些灯笼不是自家扎制，而是孩子的舅舅给扎的，所以，就有了那句"外甥打灯笼——照舅"的歇后语。

满族的元宵节还有一个特色是烧火判儿。所谓的"判儿"，就是阴曹地府的判官，这个"判儿"空心，泥做的，约一人高。晚上在此判官肚内点火，就会七窍喷火，遍体通红，很是好看。

与现在类似，清明节期间要上坟祭祖。但是满族人上坟祭拜后要在坟上"插佛托"，就是插柳枝。在萨满教的传说中，柳是人类的始祖，人是柳的子孙。清明节在坟上插柳，表示后人不忘先祖。

四月初六，浴佛节。这一节日自金朝以来非常盛行。在此节日期间，除了各种宗教活动，主要是"舍缘豆"。

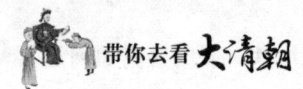

五月初五,端午节。这一节日在满族民俗中也是非常重要的节日。

八月十五日,中秋节。中秋节比较受满族人重视,满汉习俗相近。

冬至日,天令节(冬至节),也是满族人比较重视的一个节日。在这一天,皇帝要"郊天",就是用一百多担木柴堆在一起,举火焚烧。这实际上是游牧民族野营篝火的象征。而这一天,大臣们也会向皇帝进表祝贺,皇帝则书写"福"字赐给各位大臣。在这一天还要吃馄饨,后来还开始像汉族人一样挂"九九消寒图",就是用双钩写成"亭前杨柳珍重侍春风"九个字(每个字都是九笔),自冬至日开始,每天填写一笔,细心者还在上面细注阴晴风雪,待九个字的笔画全填满后,就是九九艳阳天了。

在这些比较受重视的节日之外,满族人还有一些独居民族特色的节日。比如正月十六日,满族妇女还有一种叫"走百病"的习俗。就是这一天晚上,满族妇女结伴到外面走一圈,或是到邻居家坐一坐,而在东北地区,直接就是到冰面上打滚。

二月初一,吃肉节。对老北京的满族人来说,这是一个非常盛大的节日。比如皇宫里,就会在坤宁宫杀两口猪,只燂毛,不分割,并且猪头上的毛要留下一撮,系上红绳。杀好之后整猪下大锅煮熟。煮猪的汤不是一般的汤,据说是从盛京(沈阳)带过来的,表示关内关外一脉相承。煮熟后先祭拜灶王,仪式结束后就将肉分割赐给有资格参加人员,然后蘸佐料分食。

而在这一天,满族一般人家也要举行家族团聚活动,到族长(穆昆达)家团聚。先祭天,再祭祖先,然后论辈分领取赏赐的白肉,饮酒祝贺。

其他的还有比如春分这一天,或者数九结束的第一天是柳神节(柳树节);六月初六,虫王节;六月二十三日,马王节;八月二十六日,绝粮日;中秋以后,或农历九月中旬(具体时间不定),开山节等。

2. 清朝过节如何放假?

清军入关前,整个满族最重视的共有三个节日:元旦(春节)、冬至、万寿节(随不同皇帝的生日而不同)。因为当时处在与明朝对峙时期,制度未定,所以,还没有什么成定例的假期制度,这三个节日,也就在不同时期有三日、五日、一日等不同长短的假期。

入关后,清政府全盘照搬了明朝的放假制度,大体的假期有:每月固定休假3天,定在每旬的最后一天,全年合计36天;另有节日假,元旦(春节)假期为正月初一到初五,5天;上元节(元宵节)正月十一日至十五日,5天;冬至之日起,3天;中元正日及前后各一天,3天;万寿节,由皇帝及皇太后人数多寡不定,2天至3天,总计五十几天。另外还有视个人情况不同而有无的丁忧等假期。

此后,清朝的放假规定也经过了不少更改。首先是春节假期的变化。有时是5天,有时成了7天。清朝统治者入关后,受汉族习俗影响更大。比如进了腊月,就开始忙年,特别是腊月二十三日之后,大部分的百姓已经开始准备过年,除了紧急公务,一般的公务已经几乎没有,而且腊月下旬的休沐日就是大年三十,按一般规律,此前几天官员人等也都已人心浮动,无心办差;年后来说,正月初六开衙,办公事怎么也得初七八吧?上个三两天的班,正月十一日又要开始放假放到正月十五日,虽说过了正月十五日就没有什么正儿八经的节日了,

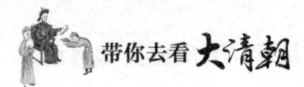

可是架不住民俗多啊！比如正月十六日，各位福晋、格格、姑奶奶要"走百病"了，当家人肯定要早回家安排一番。于是，以我们现代人的心理来揣测，或许是这些主管放假的官老爷们被腊月和正月这些乱七八糟、断断续续的假期惹恼了，干脆，来个痛快的，从腊月二十日前后就开始放假，咱直接放到正月二十日前后，放一个月！最后，不管出于什么原因——当时的一般官员也不知道这元旦（春节）的一个月假期是根据什么确定的——元旦假期成了一个月是确定的了。

其次是中秋节加入到了假期里。说起来这还是乾隆皇帝的功劳。以前虽说中秋节在民间比较受重视，但是未曾列入官员的假期里。因为乾隆皇帝生日是农历八月十三日，有一年乾隆皇帝就下旨，八月十三日的万寿节和八月十四日以及随后的中秋节，皇帝和大臣们还要在一起庆祝，众人大喜。虽然可能是乾隆耍了一个小心眼：别的皇帝的万寿节是一天，我的就是三天。但是不管如何吧，中秋节也纳入假期了。

到乾隆后期，清朝的放假制度就基本定型了，再没有大的改变，这一情况一直持续到清末。到鸦片战争后，西方人大量进入中国，他们每星期休假一天，时间一长，很多清朝官员也觉得不错，而且，很多洋务派人物和提倡向西方学习的人都身体力行地在每个星期天进行研学，于是，这一公休方式就推广开来。到了1910年，清朝政府在上层基本上实行了每个星期天休息一天的制度。

当然，并不是一说放假大家就可以撒丫子跑回家了。事情还有很多呢！

首先，封印。这一词语的原意是指把官印用专门的匣子封起来，表示不办公。清政府规定，休沐期间不办理公务。对于一些短期的假期，封印、开印非常烦琐，没有必要。但是春节长假，如果不封印就可能出现问题，因此规定春节期间所有官印都要封存。封印时不是随

第九章 节庆盛典如何过?

便找个时间锁起来拉倒,而是要专门请钦天监选择吉日,奏明皇帝后颁示全国遵行。而且在封印、开印这两天要举行隆重的典礼,整个官衙上下会放鞭放炮、大吃大喝地庆祝一下。因为封印要选择吉日,所以每年春节假期的放假日期不定。虽说封印放假是一件好事,但是也要分情况。比如当时就有人记录了这样一件事:有件命案需要开棺验尸,但已到腊月二十九日,官印已经封存,无法出具允许开棺的文书。等来年开印后再验,一个月已经过去了,所有的人证、物证都没了踪影,犯人也无法定罪了。因此,在具体操作中,为了避免此类问题的发生,会在紧急状况发生时,仍然发出文书,只是在原来需要用印的地方盖上"预用空白"或"遵印空白"的戳记,说明此事未能用印,但是跟有印的文书有同等效力。

其次,朝贺。有一定品级的官员,放了假也不可能在家待着,比如在万寿节、春节,都要到太和殿等处朝贺,参加皇帝举办的筵宴。

最后,走动。假期期间是官员人等互相走动的好时机,特别是中下级官员,放假是好事还是坏事,冷暖自知吧!

但是当中也有一些片段,现在读来,仍然让人会心一笑。比如,时人记载,每至封印之日,京城前门一带"万骑齐发,拥挤非常,园馆居楼,均无隙地矣"。

放假条例还同时规定,放假期间官衙要安排人日夜值守(嗯,就是值班),官员要随时到官署处理紧急公务,涉及司法的事务更是不能停止(情理之中)。

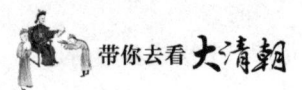

3. 清朝结婚都有什么必经流程?

在清朝的时候,不同民族之间通婚,还是非常稀有的事情。特别是满汉通婚,更是几无可能。这是为什么呢?

努尔哈赤建"四旗"时,为了保持战斗力、凝聚力,以及维护旗民特权,规定了"旗民不结亲",就是"旗人"不能跟一般的"平民"结亲。

到1644年清军入关之后,为了维护其统治地位,这一时期也不可能出现满汉通婚。

直到顺治五年(1648),清朝统治者谕旨满汉可通婚,但是由于反对者众多,因此几天之后,又对满汉通婚做了进一步规定,提高了要求。

而在康熙、雍正期间,政治上更加趋向保守,规定了如满族男子娶汉族女子,就不能上档,领红赏和钱粮;如果满族姑娘嫁给汉族男子,则取消原来所享有的特权。因此这一期间,满汉通婚更是无从谈起。

到清末,汉族官员逐渐掌握了清政府的重要部门,再就是西方思想的影响,清朝统治阶级不得不开始正视通婚问题。于是在光绪二十七年(1902)十二月二十三日,光绪帝下谕准许满汉通婚。随后,军机大臣那桐把自己的女儿嫁给了李鸿章的孙子李国杰,袁世凯五子袁克权娶了两江总督端方的女儿,满汉通婚才真正正大光明地走入了

第九章 节庆盛典如何过?

人们的视野。

既然说到了婚姻,那我们就来说一说,清朝结婚都有什么必经流程?

汉族的结婚流程我们就不详细介绍了,从古至今,大体流程大同小异,只是细节随时代、地区略有不同。在此我们主要说一下满族的结婚流程。

当然,不同时期、不同阶层、不同地域的满族人结婚也会有不同的流程,我们就以一个普通中下层满族人家为例来说一说。

首先就是要有媒人居中说合啦!

然后女方家如果同意,就通过媒人互换门户帖。就是一张红纸,写着要结婚的男女各自所属某旗及曾祖、祖、父三代的功名、职业、住址,以及男女本人的功名、职业、年龄、属相、生辰。

如果一切大吉,男方就赠给姑娘如意、钗钏等作为定礼,这叫"小定"。有的地方男方母亲随后会亲自上门相看。

"小定"之后,男方家就会选择一个好日子,由未来女婿请本族的长者及同族若干人一起往女家"问名"。

随后,就是双方议定聘礼(彩礼)了。议定之后,男方挑个好日子,由男方父亲带着聘礼去女家行聘,称为"下茶"。

男方将请人算好的结婚日期,提前通知女家,叫作"送日子"。在这一天,男方还要将给新娘结婚时穿用的彩布、衣服送至女家,女方就请儿女双全的"全命""有福"的妇女将布料剪裁,以做婚服,所以这一环节又称"纳彩"或"开剪"。

在婚期前一天或三天,最多不超过九天,女家将陪嫁妆奁抬送到男家,叫"过柜箱"或"送嫁妆"。

然后就是整个过程的重头戏——婚礼了。清朝时期满族的婚礼一般进行三天。

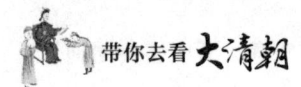

第一天,男方由全福的长辈人布置洞房,称为"响房"。同时这一天请的戏班子或是鼓乐队也动鼓乐,称为"响棚"。

第二天,女方要在这一天离家,到离新郎家较近,但又看不到男家房屋处另寻人家暂住,称"打下处"。而这一天,男方则将接亲的全副执事摆开,在本村内和娶亲路线上敲锣打鼓地走动一番,称为"亮轿"。

第三天,这一天是结婚的正日子。早上,男女双方的接送亲车队各自出发,中途相遇,女方哥哥将新娘抱到迎亲车上,俗称"插车"。此后迎送亲队伍会合向男方家行进。

到达男方家门口,轿车停下,新娘于车中等候,暂不下轿,俗称"憋性"或"劝性"。

在新娘下轿前,新郎要拿弓箭向新娘虚射三箭。随后新娘下轿,一路上要跨过一个马鞍、一个火盆。

然后拜天地。拜天地后,新郎用所射之箭挑去新娘盖头(或是在中午的"拜北斗"仪式后挑盖头,时间不一)。再给新娘两个锡壶,里面盛着米和钱,新娘将其抱在怀里,俗称"抱宝瓶"。

接下来的仪式是"坐帐",也称"坐福"。"帐"就是在正房窗前临时用毡布或席子搭建的一个简单的帐篷。新娘要临时在这里坐着。

在坐帐结束前,由送亲的女性长辈用细线将新娘脸上汗毛绞掉,给新娘"开脸",表示她已经成为已婚妇女。发型也改为已婚妇女的发型。

天近午时,举行"拜北斗"仪式。具体细节各处不同。

随后婚宴开始,新婚夫妇"拜席"、晚上"闹洞房"等习俗跟汉族无异。

本日过后,婚礼的大场面就算过去了。但是新婚夫妇还要在三天后拜夫地、祖先、公婆;然后出门到各姑叔姨舅及族中尊长处拜访,

第九章 节庆盛典如何过？

俗称"分大小"。

婚后第七天，新郎陪新娘回娘家"回门"，一般是当天来回。一个月后，新媳妇回娘家住一个月，叫作"住对月"。至此，整个婚礼流程才算结束。

清代满族婚俗大致如此，因满族分布地域广阔，各地又有些自己的特点，比如还有些地方有"送离娘肉""吃合喜饺子"等风俗。

第十章

时代变迁，观西学渐融东方文明

导语

被西方列强的坚船利炮打开了国门，千年来以上国自居的中国终于尝到了失败的滋味。时代不同了，在西方文明的不断冲击之下，是选择墨守成规，还是"师夷长技以制夷"？这一时期，东西方文明交融，在中国这个大熔炉中重聚升华，且看西方文明如何融入东方社会。

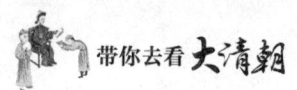

1. 清朝皇帝上朝的时候说的是满语还是汉语？

要说清楚这个问题，首先要说清楚什么是"上朝"。

很多读者一说到清朝皇帝上朝，脑子里立即想到的画面：皇帝身穿黄色龙袍端坐金銮殿的宝座上，下面文左武右一大群高官，身穿朝服，顶戴花翎，蓝袍补服，一字排开，垂首肃立，鸦雀无声。时辰一到，某位侍立皇帝身边的太监扯起嗓子喊一句："诸官有事启奏，无事退朝！"于是班次里闪出某位手拿笏板的官员，跪下道："臣下有事启奏。"

……

实际上，这种情形根本不是通常意义上的皇帝处理政务的"上朝"。这种"皇帝打坐金銮殿，文武百官两边站"的"上朝"，在清朝官员中叫"大朝""常朝""大朝会"。按照规定，这种"大朝"是"逢五排十"，每五天（小月月底四天）召开一次，但实际上，除清初的皇太极，稍后的雍正皇帝外，在其他皇帝期间根本没严格执行过，一般每年这种形式的上朝不会超过十几次。更重要的，这种"大朝"的议题，实际上是礼仪性的居多，比如祭祀、大节庆、接待外邦使臣等。在这种场合，一些涉及国计民生、军务民政等实务性工作是根本不会讨论的，就是说，这种形式的上朝根本不会议事！仔细想一下也能明白其中的道理：乌泱泱一大片的官员，人多嘴杂，某位官员的话可能还

第十章 时代变迁,观西学渐融东方文明

仅仅是个意见、建议,说不定传出去就会成了定论,引起不必要的麻烦;并且每个人后面还不知道有多少跟着吃饭的,利益相关,这种情况下,凡是有一点理智的主事人都不会提那些涉及千万人利益的事情。

如果大家说的是这种"上朝",那么可以很明确地告诉你:这时候皇帝说的一定是"清语""国语"(均为满语在清朝的称呼)。因为这是清初入关时定下的规矩——当然,到了乾隆以后,朝廷中汉族官员大增,为了便于他们理解,或者满语的某句话、某个词非常生僻,皇帝也会用汉语解释一遍,以使大家不致误解,但是主要还是用满语。

那么,真正意义上的"上朝",就是跟大臣们商量事情的时候,皇帝用哪种语言呢?

这同样不能一概而论,要看是哪位皇帝,跟谁说,说什么事。

比如努尔哈赤时期,努尔哈赤建立后金的时候,处理政事实行的是军民合一的八旗制度,重大决策都由诸贝勒等人共议裁决。诸贝勒大都是努尔哈赤的子侄等宗室贵族,这时候的后金朝廷应该说还没什么"上朝"的概念,有资格跟努尔哈赤共商国是的都是他的叔父、兄弟、儿子等满族的王公贵族,议事的时候说的当然是满语了。

他的儿子皇太极继位后,积极仿效明朝政治体制,废除了八王共议等制度,加强了君主的权力,算是成了真正的皇帝。同时为了削弱满族贵族的权力,开始提拔一些蒙古族、汉族人担任各部的承政、参政、启心郎等职官,后来又开始开科举、重用汉族官员和汉族知识分子。但是即便如此,能够有资格在皇太极时代参与"上朝"的汉族官员还是太少,以皇太极的身份,也不会为了几个汉族的官员专门去讲汉语,实际上,皇太极的汉语水平是极低的。所以在皇太极时期,"上朝"时皇帝也是讲满语的。那么,特殊情况下,皇太极又要直接跟汉族官员对话怎么办?简单,找"通事"(翻译)啊!

而到了顺治时期,情况开始发生了变化。一是因为清廷中的汉族

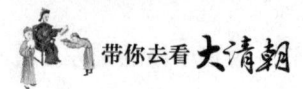

官员越来越多；二是顺治皇帝本身非常热爱中原文化；三是最主要的，这一时期清军入关，统治区域全部说的是汉语，客观原因使得清朝皇帝开始学习汉语。但是，因为多尔衮等清廷的实权高官反对"满人汉化"，所以，在清朝统治者入关之初，"上朝"时皇帝还是说满语的。当然，在私下场合，顺治皇帝很有兴趣跟汉族大臣探讨诗词歌赋，说的就是汉语了。特殊情况下，跟实在不会满语的汉族官员讲话，顺治皇帝也是可以跟他讲汉语的，并且说得比较流利。

随着时间的推移，为了统治需要，从康熙时期开始，各皇子都开始有了汉族师傅，开始学习汉语。这样，后来的各位皇帝，都能"见什么人说什么话"：与满族官员交谈说满语，与汉族官员说汉语。当然，遇到其他不同民族的官员同时出现的时候，皇帝还是说满语的。

但是，在北京城，相比起来满族人口还是占少数的，因此到后来，满语越来越式微，会的人越来越少。到了道光时期，各级满族官员能够勉强书写满文的也只有三成左右，能熟练应用的就更少了。所以，嘉、道以后，在"上朝"的时候，皇帝说汉语的情况就比较普遍了，这时候所有的满族官员也都能熟练掌握汉语了。

但是，清朝对皇族学习满语的要求还是一以贯之的，直到清末，光绪皇帝还是能熟练掌握满语的，不过也只能在一些正式场合和面对满族贵族时使用了。

而到了宣统年间，朝政败坏，先不说"上朝"还有没有实际意义，单说溥仪自己，满语就根本没学好。在谈及自己的满语水平时，他回忆说每当满族大臣跪在地上用满族语说了照例一句请安的话之后，他只会说必须回答的那个："伊立（起来）！"当然这有些夸张，但是溥仪对满文的生疏是真的，所以，在宣统、康德时期，清朝的"皇帝"上朝使用的就是汉语了。

2. 那些年流行过的洋泾浜英语

洋泾浜，原本是上海黄浦江的一条小支流，1849年，它成为上海英、法两国租界的界河，"洋泾浜"（或"洋泾"）因此被用作租界的代称。同时，在《南京条约》规定的开放"五口通商"以后，那些外国商人大部分都会在租界落脚，于是在洋泾浜附近就聚集了一批人，即专门做给中外商人牵线的"经纪人"，这些人大部分没接受过正规的英语教育，只是稍稍知道一些英语词汇，能说一些蹩脚的英语口语，但读音不准、语法不通，有些受过正式英语教育的人就不无嘲讽地说他们讲的是"洋泾浜英语"。后来随着使用人群的扩大，"洋泾浜英语"也逐渐有了一套自己的、规范的表达形式，而"洋泾浜英语"也成了这种生造的混合语言的正式名称。

但是此时的"洋泾浜英语"还只有口头形式，没有统一的书面形式，而且变体很多。后来，在1860年，在沪的宁波商人冯泽夫等编写了一本《英话注解》，第一次将"洋泾浜英语"比较系统地整理了出来，而且，因为这本书的编者里有几位正式的"通译"，他们在多种不同说法、读音中选出了更接近于英语本身的那一种，这也使得"洋泾浜英语"能够更容易地被讲英语的外国人所理解接受，并被广泛传播。

通过上面的介绍大家就会明白，实际上"洋泾浜英语"就是一种

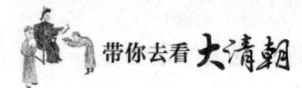

中不中、洋不洋、不伦不类的汉英文结合体。那么，它有什么样的特点呢？

首先，它的单词发音更像汉语发音。比如汉语的读音一般不用辅音结尾，因此"洋泾浜英语"就给辅音结尾的英语单词加上一个元音，加重语气。比如将 make [meik] 读成 makee [meiki:], match 读成 matchee, much 读成 muchy, 等等。还有些单词，读音受上海方言影响，把"r"读成"l"。比如 all right 读成 all light, room 读作 loom, 等等。这里面还有为数不少的单词纯属汉语，只不过双方都明白它的含义，最后也把它归为"洋泾浜英语"单词了，但它的发音当然还是汉语发音。比如 chin chin 这个单词，表示打招呼、邀请的意思，实际上就是汉语的"请，请"；chow chow，表示吃或食物，实际上就是"吃，吃"的意思，这一类词汇，发音当然是汉语发音了。

其次，它的语法更偏向于汉语的表达方式。汉语没有单复数、人称、时态、语态的变化，所以"洋泾浜英语"句子的表达就像字对字的翻译。比如，英语中"两位女孩"应该是"two girls"，而在"洋泾浜英语"中就翻译成了"two piece girl"，不仅加上了一个量词，还没有单复数变化。而一些句子，比如"我不能"，应该是"I can't"，在"洋泾浜英语"中就是"My no can"。

最后，它的词汇量少，只有700多个，因此，很多的单词都是一词多义。比如上边说到的"my"，就表示了"I""mine""we""me""ours"等多种意思。

其实在不同时期、不同地域都曾经流行过不同的"洋泾浜英语"，现在再来回顾一下那些曾经流行过的"洋泾浜英语"，也是很有趣的。

首先，在"洋泾浜英语"开始流行后，很多人都开始对它进行了普及，除了上面提到的《英话注解》，还有曹骧收集的《英文入门》。比

第十章 时代变迁，观西学渐融东方文明

较有意思的，就是有一位叫查理斯·李兰德的外国人，他懂中文，因此编写了一本《洋泾浜英语歌谣集》，用歌谣的形式来注解一些英语的发音，这也成了流传甚广的学习歌诀之一。其中几句是这样的：来叫克姆（come）去叫谷（go），是叫也司（yes）勿讲拿（no），一元洋钿温得拉（one dollar），廿四铜钿吞的福（twenty-four），翘梯翘梯喝杯茶（have tea），雪堂雪堂请侬坐（sit down），红头阿三开泼度（keep door），自家兄弟勃拉茶（brother），爷叫泼茶娘卖茶（father/mother），丈人阿爸发音落（father in law）。读起来是不是好笑？大家是不是同时也有一个疑问，跟我们现在学的英语发音差距有点大。忘了跟大家交代，"洋泾浜英语"，当然是发源于洋泾浜，也就是上海了，所以这歌谣里面的汉字，都要用上海方言或者宁波方言发音才对，用普通话来读当然对不上！其他的《英话注解》《英文入门》之类其汉语注音也要按上海方言或宁波方言的发音来读。

因为一些"洋泾浜英语"流传范围越来越广，后来就逐渐融入上海方言中，成为上海方言的一部分。比如上海方言中："阿木林"，意思是傻瓜、笨蛋（带点儿亲昵的意思），就来自英文"a moron"；在英语里乞讨就是"beg for"，洋泾浜英语称为"beggar sir"。还有老上海人称"水泥地"为"水门汀"或"司门汀"，来自英语"cement"，称开在屋顶上的天窗为"老虎窗"（roof window），

有些"洋泾浜英语"还冲出上海，走向全国。比如我们现在说的"发烧友"的"发烧"，就来自英文"fancier"，还有布丁（pudding）、打（dozen）、拷贝（copy）、浪漫（romantic）、码（mile），等等。

随着东西方交流逐渐增多，更多的英语词汇融入了汉语中，比如我们现在常用的麦克风（microphone）、杧果（mango）、模特儿（model）、摩托（motor）、霓虹灯（neonlight）、柠檬（lemon）、派对（party）、啤酒（beer）、扑克（poker）、沙拉（salad）、三明治（sandwich）、探

戈舞（tango）、听（tin）、吐司（toast）、高尔夫球（golf）、华尔兹舞（waltz）、吉他（guitar）、卡通（cartoon）、康乃馨花（carnation）、席梦思（simmons）、香槟酒（champagne）、雪茄烟（cigar）、引擎（engine）、幽默（humor）……

3. 大清通信之电报入京

1844年，美国人塞缪尔·莫尔斯发明莫尔斯电码（Morse Code），拍发了人类历史上第一份长途电报，电报正式走进现实生活，对西方经济社会的发展产生巨大影响。随后欧美各国开始竞相架设电报线路。

第二次鸦片战争后，西方列强看中了在中国开展电报业务的巨大商机，于是在1861年，俄国公使巴留捷克向清政府提出设立京、津间电报的要求，英、美、法、丹麦等国家接踵而至，纷纷要求在华设线，清政府都以不便为由拒绝。这一行为一方面是出于"维护利权"的潜意识——反正，由洋人主动提出来的东西一定是对他们更有利的；另一方面就是朝廷上下对电报到底是什么，有什么作用毫无所知，认为只是又一种无关紧要的西洋"稀罕物"而已。

而列强却迫不及待，于是自行在租界等地方强行架线，对此，清政府无可奈何。但是此时的清廷仍然因为各国多次申请架设电报线路而开始对此心生警惕，因此在1865年春节刚过，总理衙门就密函各将军暨督抚，以后再有洋人奏请修架电报线路，总理衙门一律不准。

这一密函得到了大部分封疆大吏的支持。唯有时任江苏巡抚的李鸿章表达了不同意见。李鸿章已经意识到了电报的重要性，有了设立电报的想法。此后不久，报纸上就有李鸿章将在上海附近架设电线的说法，不知道这是不是老奸巨猾的李鸿章的投石问路之计，反正报纸

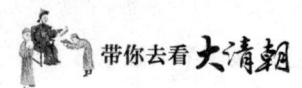

上登载后，朝野议论不绝，但绝大多数人是反对的。事情越闹越大，于是总理衙门知悉后，致函李鸿章，要求对此事做出合理解释。李鸿章看到反对的力量太大，于是赶紧撤退，并竭力表白说，"铜线铁路，断不可行之中国"。

而列强也看到了中国国内的反对声音，待明白了民众反对的主要原因是怕"破祖脉""破风水"后，另辟蹊径：我不在陆地上挖坑架线，我从海里架设海线没问题吧？于是，在1870年，英国公使威妥玛照会总理衙门要求铺设由汕头，经厦门、福州、宁波到上海的海底电缆。主持总理衙门的恭亲王奕䜣认识到无法阻止，只好同意。工程在1871年完成。但清政府禁止电缆在上海登陆，丹麦公司不理清政府禁令，将线路引至上海公共租界，并在6月3日起开始收发电报。先例既开，各国竞相在中国铺设海线，中国与世界各地的电信联络正式开始。

而随着电报的出现和使用，中国人对电报的认识开始发生转变，电报的作用逐渐得到更多人的认可，官员们也逐渐开始改变之前的认识。

1874年，日军侵台，中国战败，战争中通信手段的落后成为失败的一大因素。钦差大臣沈葆桢作为援军，在战后痛定思痛，提议创办电报，此次清廷很快下旨同意，并让他奏准办理。但是保守派仍然千方百计阻挠，同时洋商也借机敲诈，计划又一次胎死腹中。12月10日，李鸿章借题发挥，再次上奏，虽然依然劳而无功，但是越来越多的有识之士看到了潮流已经不可阻挡，于是开始预做准备。

1875年，福建巡抚丁日昌在福建船政学堂附设了电报学堂，培训电报技术人员。这是中国第一所电报学堂。

1877年，丁日昌利用去台湾视事的机会提出设立台湾电报局，得到了李鸿章的支持，计划很快实施。工程于1877年8月开工，10月完工，这是中国人自己修建、自己掌管的第一条电报线，开创了中国电信的新篇章。

第十章 时代变迁,观西学渐融东方文明

1879年(清朝光绪五年),沙俄强占我国伊犁,并派军舰窜入我国领海。有了前次日军侵台的教训,清政府为了及时沟通军情,同意由中国出钱,委托丹麦大北电报公司修建大沽(炮台)、北塘(炮台)至天津,以及从天津兵工厂至李鸿章衙门的电报线路。这是中国陆上自主建设的第一条军用电报线路。

1880年,中俄伊犁交涉,两国关系紧张,李鸿章再以"用兵之道,神速为贵"为由,奏请铺设天津至上海的陆路电线。清廷准奏。在1881年4月,这一线路从上海、天津两端同时开工,至12月24日全线竣工。12月28日正式开放营业,收发公私电报。这是中国自主建设的第一条长途公众电报线路。

而各列强看到清政府已经放开架设电报线路,纷纷想加入捞一笔,因此在1882年11月间,英、法、美、德等国公使向清政府请求在上海设立万国电报公司,打算增设上海至香港各口海线。甚至不待清廷批复,英商径自装运材料前往各口准备架设。

李鸿章与总理衙门反复进行函商,1882年12月14日,李鸿章"终于"想出一个好办法,就是"釜底抽薪,息争止沸"之策:同意洋人造海线,但是同时允许华商单独架设旱线。这样一来洋人的海线就会失去优势,英国人就没了底气,大北公司也没了倚仗。同时,不失时机地提出,电报总局已经有条件和能力可以接办旱线。总理衙门只得同意。

此时的电报业务已在全国成燎原之势,除北京等少数地区,各发达地区均已通电报。

1883年,李鸿章又上奏清廷,将全国现有电报线路联网。水到渠成之际,1884年8月5日,进入北京的电报线路开始建设,线路采用双线架设,由通州进入,一条线路接入各官署,专递官信;另一线路择地安置,供民用。线路上的所有电线杆一律漆成红色。8月22日,位于北京崇文门外大街西喜鹊胡同的外城商用电报局开业。同年8月

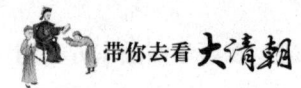

30日,位于崇文门内泡子和以西的吕公堂开局,专门收发官方电报。

就在这一年,中法战争爆发。此战中,电报通信发挥了巨大作用,为胜利奠定了基础。战争之后,中国电报业更是进入一个快速发展的时期,据有关数据统计,从1884年到1899年,我国共架设电线55000余华里,比中法战争前6年所修建的11060余华里年均增长了2倍多,在短短十几年间电报遍及十几个省份,形成了初具规模的电报网。

4. 睁眼看世界，要不要学习西方？

作为一个现代人，这一问题的答案是不言而喻的。但是在当时大清帝国的君臣民等看来，事情却不是这样。整个大清上下，都有着一种"天朝上国"的心态，对外来的任何文化，包括近现代西方文化，都充满着优越感，都带着一种俯视的态度。那么这种妄自尊大的心态是怎么形成的呢？

要解释清楚这个问题，还得从头说起。

四大文明古国中，我们最大的优势就是文明未曾间断，而其他的各个比我们更早的古代文明都已湮灭了。撇开没有确切文字、实物佐证的夏商时期不讲，我国开始有确切纪年的西周至春秋时期，希腊城邦、罗马共和国刚刚肇始；我国战国时期，欧洲也在大混战；这时候我们比较熟悉的向外学习、吸收先进文化的例子应该就是赵武灵王的胡服骑射了。可以说，此时中外文明程度都差不多，有相互学习的基础，但是双方距离遥远，联系极少，学习一说无从谈起。后来随着我国大一统国家的形成，我国的社会、经济、文化发展开始走在了世界前列：我国秦汉、三国两晋时期，欧洲到了罗马帝国的统治之下，这时候双方开始有了交流，最著名的就是丝绸之路。可以说，这一时期，同样双方各有所长，交流的结果是双方各有所得，对中国来说，秦皇汉武吸纳了中亚的游牧文化、波斯文化，变得更加强盛。从隋唐直到

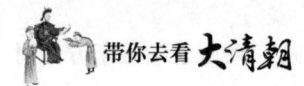

元明,唐宋统治者吸纳了印度佛教文化、阿拉伯文化,明末清初又吸收了欧洲文化,在这些文化交流的过程中,中华文化一直表现出恢宏的气度和广博的胸怀,用"兼容并蓄"的包容心态,将其融汇在中华文化中,成就了伟大的中国古代文化。于是很多人开始有了"天朝上国"的心态。就在这一过程中,从明朝开始,明政府在郑和下西洋后,开始闭关锁国,"躲进小楼成一统,管他冬夏与春秋",整个中国开始与世界脱节,对外面的变化毫无所知,整个国家上下沉浸在了那种虚幻的优越感之中。而此时程朱理学、乾嘉学派的兴起,更是让当时的知识分子开始"空言理论""超脱世务",而逐渐与现实社会脱节,清初"文字狱",更是极大束缚了人的思想,这一切都阻碍了整个社会的发展进步。

反观此时的欧洲,正处在文艺复兴时期。文艺复兴标志着欧洲开始了资产阶级解放运动,资本主义开始快速发展。一正一反,中国与欧美国家的差距就此拉开。

到1840年鸦片战争爆发前,整个大清朝的统治者和士大夫阶层,对世界形势的了解,孤陋寡闻到了简直无以复加的程度:"西人乃未开化之夷狄","华夷有别",或者是高傲自赏地认为"西学中源"。这一时期,虽然也有人认识到了国家的腐朽落后,但是这样的人寥寥可数。

1840年的鸦片战争,一下子将清政府的腐败无能、腐朽落后的面貌暴露出来,也如一记重锤,敲醒了更多的有识之士。

此后,许多先进人物开始正面审视和评价西方的政治、经济、文化诸方面,在其中,先有林则徐设立译馆,编译《四洲志》,正面介绍西方风物;后有魏源明确提出"师夷长技以制夷"的口号,再后有洋务派以"师夷长技以制夷"为主要宗旨,以"中学为体、西学为用"为原则开展了"洋务运动"。

虽说这些都没有改变大清帝国覆亡的命运,更没有改变当时人们

第十章 时代变迁,观西学渐融东方文明

被奴役、被压迫的现实,但是我们可以设想,如果没有这些人的清醒认识,积极向西方学习,并积极进行抗争,那我们整个国家是什么状况,真的不敢想象。

总之,历史已经证明,中华民族灿烂辉煌的古代文化绝不是在封闭式下成长的,也绝不是与世界文化绝交的情况下独立进行的。在几千年的成长岁月里,中华文化不仅是在内部各个民族融合交流、互相促进,而且通过各种与外界接触的手段中不断吸取和融合外来的先进文化,使其成了中华文化不可缺少的一部分。

总结我国历史的经验教训,再回顾一下近现代欧美列强发展强大的历史轨迹和我国落后挨打的经历,就能看出,一个朝代只有善于学习,勇于创新,才能立于世界之林。这不是一句空洞的口号。

当然,学习、交流、融合,不代表是全盘地接收,而是应该秉承"取其精华,去其糟粕"的原则,"洋为中用"才是最基本的态度。

第十一章

清朝人的社会保障

导语

清朝有养老保险吗?想不想了解清朝的社会保障制度?如果想知晓这些,就跟着我们一起去读读清朝的《大清律例》,到底有多少关于社会保障的明文规定。

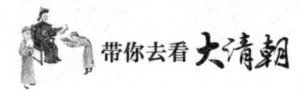

1. 法律：《大清律例》《大清会典》都在说些什么？

大清作为中国历史长河中的最后一个封建王朝，拥有封建王朝史上最为健全、完善，且对后世影响深远的行政法典和法律，即《大清律例》和《大清会典》。对于这两部法典，可能有些人会嗤之以鼻，觉得几百年前的法典能有什么可以值得骄傲的地方呢？先别急，请听我慢慢道来。

在中国的封建社会时期，历朝历代可以说都拥有自己的律例和法典，就这样在历朝历代对于这些法典不断进行补充和完善后，到了清朝之初，可以说已经打下了一个良好的基础。就比如刚刚建立清朝时所实施的前朝的明律，就在政治、经济和文化上分布广泛、考虑周全，即使是一些生僻的边边角角也有相应的应对之策。后来在康熙和雍正两位皇帝在位期间，对于当时满族所带来的民风习俗和明律中一些有冲突的部分进行了相应的修改和完善，使得这部律法开始带有一些清朝风格。到了乾隆皇帝在位期间，清王朝也到达了自己的鼎盛时期，乾隆皇帝对于这部所谓的清朝律法的主体部分是明确感觉有些不妥。强盛的清王朝迫切地需要一部属于自己的法令。所以乾隆皇帝下令召集翰林院对于现有的律法进行了大规模的修改，对于国内外的律法也进行了大规模的参考，尤其是对当时西方相对完善的现代律法也进行了相应的参考，同时补充了相应的对于少数民族的治理制度。这使得

第十一章 清朝人的社会保障

这部经过修改后的《大清律例》在当时显示出前所未有的全面性和现代性。《大清律例》相对于其他律例在政治、经济、军事、文化上面都有一定的补充和扩展，但这部律例尤其需要关注的是存在着对于中国封建社会中最突出的一项跨时代的进步之处，这便是大名鼎鼎且对后世影响深远的少数民族政策。

如果说《大清律例》只是对于中国的法律作出了重要贡献，那么《大清会典》则对于中国的行政体制有着深远的影响。"罗马不是一日便可建成的"，同样，真正的法典不是一日之内就可以完成的，必须经过一代代人的修改总结才能千锤百炼，最终成为真正的经典。《大清会典》也不例外，在前朝的法典基础上，取其精华，去其糟粕，在经过康熙、雍正、乾隆、嘉庆、光绪五朝对于法典的不断修改和补充，千磨万击不断实践，最终形成了符合中国历史进程和当时社会发展的最终经典，五朝所创立的法典总称为《大清会典》。

《大清会典》主要介绍关于行政方面的有关政治法规和具体相关的优秀示例。清朝的政治体制主要是包括吏部、户部、礼部、兵部、刑部、工部六部为主要的行政体制，管理具体的民事和政事。在那个皇权至上的年代，对于皇权的约束都是十分敏感的，但是这就导致一些皇族吃喝玩乐、无恶不作，影响了法典的实施，在一定程度上弱化了法律的权威性。所以在清朝，创造性地提出了宗人府的概念，用来专门处理皇族事务，甚至到后期管理对于作奸犯科皇族的囚禁。对于大致方针的制定如果只是皇帝来承担，这样既会让统治者觉得力不从心，同时个人的观点难免有片面的地方，所以理所当然应用之前明朝的内阁制度，来使得中央对于国策以及大致方针有着鲜明的把握，再把具体的实施交给六部来完成，使清朝的行政体制得到了较大的完善。

除了创造、完善一些政治体制，使得政令可以有效传达后，对于政治体制在实施时所遇到的一些现实问题，历朝历代也都对其进行了详细的记录，数百年的时间，这部法典被不断修改和补充，使得后来清朝的行政体制达到封建社会的顶峰。可以说，《大清会典》囊括了清朝三百年的政治、经济、军事、文化的变迁，对于后世的史学家研究清朝有着重要的意义。

2. 清朝旗人生下来就有俸禄吗，能领多少呢？

想要了解清朝旗人的俸禄问题，我们首先得清楚到底什么是旗人。很多人都错将满族人当作旗人，其实这种想法是非常片面的，旗人指的是隶属八旗的人，这里面不仅有满族，还有早期那些投靠了的汉族、其他民族的人。明万历四十三年（1615），满族军队被编为八旗，分别为正黄旗、正白旗、正红旗、正蓝旗、镶黄旗、镶白旗、镶红旗、镶蓝旗。这八旗又被分为上三旗和下五旗，其中上三旗的镶黄旗、正黄旗和正白旗由皇帝直接管理，而下五旗的正红旗、镶白旗、镶红旗、正蓝旗和镶蓝旗则由王公管理。

那么八旗人是不是生下来就有俸禄呢？清廷刚刚入关之时，旗人确实生下来就有俸禄，但到了乾隆年间，这一情况就变得有些复杂。

首先我们来说一下清朝入关前后到康熙初期这段时间，由于这个时期战事不断，而八旗又是清廷的主力军，为朝廷出生入死折损了不少兵力，况且各地驻守也少不了他们，因此朝廷非常看重旗人的待遇和繁衍问题，还专门针对此制定了一些优厚政策。

在待遇上，旗人的俸禄非常丰厚，当然，具体也要分身份和阶层。

第一类，皇族。皇族宗室分为黄带子和红带子，黄带子与皇帝血缘要比红带子更近，因此无论是从待遇还是地位、权势上，都要比红带子高出一筹。皇族宗室俸禄极为优越，以亲王为例，每年除了可以得到上万两俸银和 5000 石米之外，还可以得到五六万亩的庄园和田地，以及 250 人左右的庄丁。受封爵等级的限制，皇族宗室的年俸禄差距非常大，每年一等和硕亲王可得俸银 10000 两，禄米 5000 石；而三等多罗郡王可得俸银 5000 两，禄米 2500 石；到了六等的固山贝子则可得俸银 1300 两，禄米 650 石。至于那些没有爵位的闲散宗室，黄带子男丁不满 10 岁的，每个月可以得到 2 两银子，到了 20 岁之后，每个月可多得 1 两银子，同时每年还可得到 212 斗米。红带子男丁到了 20 岁以后，每个月可得到 2 两银子，每年可得到 107 斗米。

第二类，八旗兵丁。八旗兵丁有高低级之分，高级兵丁每月可以得到 4 两银子，每年可以得到 230 斗米；低级兵丁每月银两不等，一般在 1.5 两到 3 两之间，每年可得 110 斗到 210 斗米。此外，八旗兵丁遇到红白喜事还有 10 两到 20 两银子的补助。甚至遇到各种节日也会有补贴。

第三类，包衣。包衣实际上就是奴才，但这些奴才的身份却大不一样。我们前面讲到上三旗由皇帝管理，因此上三旗的包衣属于皇帝的奴才，在当时地位也是不低的。我国四大名著之一《红楼梦》的作者曹雪芹就出自上三旗包衣之家，他的爷爷曹寅是正白旗包衣，曹寅一辈子在江南任职，他的两个女儿都成了王妃。上三旗包衣可以称得上是人上之人，他们大多在内务府工作，油水极高，甚至可以弄权，即便在内务府做个杂役也要比在其他部门强很多。此外，下五旗包衣待遇也不错，由于大部分八旗官员都在外面有很多土地，这样一来就少不了人来料理，因此包衣们便帮助主人耕种或出租土地，收入也不错。

第四类，特殊八旗。特殊八旗指的是那些后来入旗的人，如东北的一些打牲乌拉的旗人，朝廷会为这些旗人安排"天赋义务"，例如一些旗人要为朝廷训练鹰，并且每年要献上两只鹰，与此同时，他们会得到每月 2～3 两银子的俸禄。同样的，也有专门为朝廷捕鱼的旗人。

第十一章 清朝人的社会保障

特殊八旗的身份固定，一生全靠朝廷赋予他们的职责过活。

随着几十年的繁衍生息，旗人的人口在不断增加，由于俸禄不错、生活安定，他们的战斗力也逐年下降，到了乾隆时期，这些养尊处优的旗人基本就不能打仗了。不仅如此，很多八旗将领还将驻守地当成了自己的家乡，他们在那里娶妻生子，甚至还妻妾成群，置朝廷不得八旗驻军带家眷之禁令于不顾。而京城的旗人更是无所事事，形成了较为庞大的群族聚集。由于人口的增加，旗人的生活水平大打折扣，尤其是外佐领下人或外八旗人。这些旗人中20岁左右的男丁需要参加"挑缺"考试，考中了便有机会获得兵缺，并得到相应的俸禄。高级兵缺每个月可以得到4两银子，每年可以得到180斗米；低级兵缺每个月可以得到1.5～3两银子，每年可以得到110～230斗米。当然，这里需要注意的是，想要成功拿到这些俸禄，不但要成功通过考试，还得要补上缺，换句话说，身体不好、学习不好，又没钱去打点的旗人，根本不可能被挑上，也就没办法得到这些俸禄。兵缺的名额是有限的，只有那些有能力同时也有一定财力打点的人，才有机会拿到兵缺的名额。此外，即便被选上丁，但没补上缺，那么就是个"余丁"，只能回家待业，什么时候再有了缺，你才算是又有了一次机会。

雍正、乾隆时期，曾通过增加差派来提高旗人收入，同时还派遣部分旗人到东北开荒自给自足。道光时期，朝廷将辽河两岸的荒山批给旗人使其自耕自养。但所有这些措施并没有解决根本问题。鸦片战争之后，国库亏空，八旗军饷一再拖欠，那些普通旗人与贫民的生活基本没什么差别，连最基本的生活保障都没有。光绪二十六年（1900），朝廷实在养活不了八旗，便将各省八旗中没有兵额的人剔除旗下，成为普通百姓，并为他们发放了一批安家费用，让他们自寻出路。宣统年间，一些有能力的八旗军加入了新军部队，其他八旗人大多都已经解散。

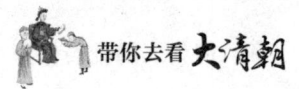

3. 清朝人能够感受到怎样的科技?

由于科学技术落后的原因,清朝在当时被西方列强欺负得很惨,但要是说清朝没有任何一点科技,也绝不可能。不仅如此,在某些科技领域里,当时的清朝还走在世界的前列。本节,作者就带领大家细数一下清朝的科技。

首先是交通。其实早在清朝,我们的铁路技术就很先进,这得益于当时的清朝统治者派出了几批留学生。当时的清朝统治者在看到了西方列强的坚船利炮和先进科技之后,也开始转变思路、谋求自救,比较著名的就是当时的洋务运动。与此同时,又开办了一批新式学堂,最重要的是派出了留学生到西方各国去学习先进的科学技术。这些学生中有很多有识之士,抱着科技救国的心理去到国外留学,学成之后归国,成了后来的国家栋梁。这些留学的人之中,就有京张铁路的总工程师詹天佑。说到詹天佑,可能很多人都不会陌生,他主持修建了从北京到张家口的京张铁路,这条铁路是完全由我国技术人员设计施工修建的第一条铁路干线,在我国的交通史上都是浓墨重彩的一笔,尤其是在当时的社会环境之下,其影响和意义就更是非同一般了。我们在这里先来普及一下这条铁路的基本知识:从北京到张家口的这条200千米的铁路,是连接华北和华中的重要干线,其重要作用已经不言而喻。在当时强敌环伺的社会环境之中,清政府一提出修建这条铁

第十一章 清朝人的社会保障

路的计划，就被列强看作一处肥差，大家都想争得这条铁路的修建权，好方便进一步控制华北和华中地区。如此重要的铁路，如果交给外国的工程师来主持修建，那么后果不堪设想。可当时清政府的铁路工程师十分有限，且京张铁路的修建工程十分困难，即使放在当时的世界也是十分有难度的。这时候，留学归来的詹天佑挑起了这副重担，给国人争了一口气。尽管这条铁路施工的难度极大，但是詹天佑没有被困难吓倒，反而更加坚强，白天就在悬崖峭壁之上测量，晚上就在灯下计算、绘图。不仅如此，他还常常与工人师傅们同吃同住，带头在一线工作，使得上下一心，铁路的修建进度也很快。大家一起克服了一个又一个难题，在青龙桥附近，詹天佑又利用坡势，创造性地设计出了"人"字形铁路线，就这样，提前两年完成了当时外国工程师也不敢轻易尝试的铁路工程，使得清政府的铁路技术向前迈进了一大步。除此之外，当时的清政府也有修建唐胥铁路、潮汕铁路等，虽然这些铁路大多都不长，而且数量也十分有限，但却是实实在在的清朝的科技，也是近代铁路的一个良好开端。

其次是"住"。说白了，也就是相当于现在的土木工程。如果说清朝的铁路技术在詹天佑的带领之下尚属可以的话，那么它的建筑技术绝对是当时首屈一指的。在这一时期，清朝修建了一系列规模宏大的宫殿群。这些建筑被后来的学者和历史评论家批评得"体无完肤"，认为其穷奢极欲、劳民伤财。如果仅就建筑技术的本身来说，这无疑是中国建筑史上的瑰宝。时至今日，这其中的许多建筑都是外国游人必到的景点，也是许多国内外设计者寻找灵感的绝佳之地。当时清朝的都城京师顺天府，也就是现在的北京，在原有的基础之上修建了一大批富丽堂皇的宫殿。在保留明朝建筑奢华的设计风格之下，北京城内还设计了20座高大、雄伟的城门，其中气势最为磅礴的则是正阳门。值得一提的还有清代帝王们为了满足自己的享乐，兴建了大规模的皇

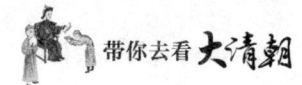

家园林,这些园林建筑是清代建筑的精华,其中包括华美的圆明园与颐和园。说到这里,可能就勾起了大家的回忆。没错,大名鼎鼎的圆明园便是清朝建筑技术的结晶。这座被称为万园之园的圆明园,融合了当时最先进的建筑技术和建筑理念,绝对可以说得上是中国建筑王冠上的明珠。就连法国的大文豪雨果也称赞它为世界奇迹,说"希腊有巴特农神庙,埃及有金字塔,罗马有斗兽场,巴黎有圣母院,而东方有圆明园"。于此可见,当时清朝的建筑技术是多么的发达,以至于在全世界的范围之内都享有极高的声誉,真可以说是大名鼎鼎了。

那这些建筑到底有何过人之处呢?其实圆明园的建筑有个显著特点,它是集中华境内的所有名胜于一体,并加以修改,将无数胜景留于一园之中。根据后来的不完全统计,圆明园的园林风景,其中直接照着临摹的就不下四五十处。杭州西湖十景,连名称也不改地全部仿建。圆明三园共有一百余处园中园和风景建筑群,即通常所说的一百景。集楼阁、亭台、殿堂、轩榭、馆斋、廊庑等各种园林建筑,共约16万平方米,比故宫的全部建筑面积还多。不仅如此,院内的建筑还有很重的一些宗教色彩,这在园林之中都是很有创新的。其中,舍卫城就是其中的代表。它是一座典型的佛教建筑,是仿照古印度憍萨罗国都城的布局建造的,城内设有殿宇、房舍等。每当皇帝、皇太后寿诞,都要在这里举行,以便祈求佛祖的保佑庇护,同时王公大臣进奉的佛像也都存放在这里。总之,园内的建筑物,既吸取了历代宫殿式建筑的优点,又在平面配置、外观造型、群体组合诸多方面突破了官式规范的束缚,形式多样,创造出许多在中国南方和北方都极为罕见的建筑形式。这样的宫殿形式,与西方的哥特式建筑一样,都在世界人民的心中享有崇高的地位。即使到了现在,如果你学习或者从事的是建筑或者房屋设计这一块,那么清朝的这些皇宫建筑业一定是你学习参考的绝佳案例。

第十一章　清朝人的社会保障

另外，清朝的医术也是很发达的。这也难怪，我们的祖先自古以来就有神农尝百草，以后的扁鹊、张仲景等历史名医也很多。但是你敢相信吗？在那个技术落后的清朝，就已经有人开始研究人体的解剖学了。在那个封建的年代，大家还是很敬重鬼神的，敢于冲破这些传统的礼教束缚，不得不说研究者真的很有勇气，可以说得上是清朝"第一个吃螃蟹的人"了。他就是清朝解剖学第一人王清任，从小他就爱好医学，长大之后医术也是越来越精湛，但是在长期的行医过程中，他开始发现了前人忽略的一些问题，尤其是在人体器官的描述和构造之上。于是他开始研究起了人体的相关结构，经过几十年的艰苦努力，终于写成《医林改错》一书，为医术向近代发展迈进了一大步，也填补了中国医术史上几千年的空白。

再说"测绘"。清朝随着政权的稳定，版图统一，迫切地想要知道自己统治下的土地到底有多少。就在这时候，西方的土地测量技术也流传到了国内，虽然当时的大清朝故步自封，但确实对这门地理测绘的学问很感兴趣，于是很快这门学科逐渐流行并被运用起来。大家开始绘制起全国以及各地方的地图来，于是经常能看见人们在各处实地测量，这种格物致知的精神在当时的社会还真是不多见。当时的学者何宗国、明安图等也纷纷参与其中，所制的地图精度很高，在当时的社会也广泛流传，很受欢迎。

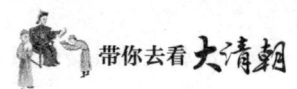

4. 奴仆的悲惨命运

在清朝，奴仆的种类极多，几乎涵盖了你能想象到的生活的各个方面，不知道大家看过《末代皇帝》这部电影没有，里面有个场景，幼年的皇帝溥仪坐在夜壶上大便后，很自然地站起来，任由身后的太监为他清洁身上，穿好裤子，完全没有"擦屁股"和"提裤子"的意识。这在我们看来是无法理解的，但是作为皇帝，他的世界里没有完全"擦屁股"和"提裤子"这两件事。可见，皇帝的生活被照顾得有多无微不至。

如果是富人在清朝，即使不能享受到皇帝这种夸张的待遇，有几个家仆打理日常生活，也是很自在的。那个时候，我国依然是一个农业为主的国家，想要生存，肯定离不开土地，想要吃饭，就得种庄稼，这时候，"壮丁"就出现了。这里的"壮丁"并不是大家印象中的那个"抓壮丁"，他们不是为了打仗而生，而是一群从事农业劳动的人。他们大都依附在清朝的一些大地主的庄园里，比如皇家贵族的庄园、大臣显贵的庄园，被管理得极其严格，毫无人身自由。在民间，类似于"壮丁"的存在的就是"佃户"。相较于"壮丁"，他们有独立的人格，属于"民"，在清朝的法律里也规定，他们跟地主没有主仆的名分，但是在实际生活中，由于社会地位以及经济实力的差距，地主和佃户根本不可能达到所谓的平等，可以说是"有实无名"的主仆了。

第十一章　清朝人的社会保障

清代官宦人家非常喜欢蓄奴养婢，就像蓄养牲畜一样，觉得这是他们的私产。有一言曰"仕宦之家，童仆成林"，意思是当官出仕的人家，家里仆人多得像树林。道光年间的闽浙总督罢职回乡，随从、兵役、抬夫、御马仆从3000名。由此可知此风之盛。这里的奴仆来源大概有四种，一是入关前后战争中的俘虏；二是清朝入关后，一些人被迫为奴；三是有罪之人被贬为奴；四是卖身为奴。前两者在清朝初期为奴仆的主要来源，后期则以卖身为奴为主。

但是这些在家里威风凛凛的大人们，在皇帝面前，也是要自称奴才的。

帝王的奴才有着泼天富贵，而奴才的奴才，却活得水深火热。像是前文中提到的"壮丁"，这种在国家最上层人手里，身份是奴籍的人，被盘剥、被毒打、被虐待。他们生活困苦，数量庞大，1745年的畿辅皇庄中，就有16800余名壮丁。繁重的劳动和残酷的虐待让这些壮丁不惜冒死反抗和逃亡，这种现象实在太多，以致皇帝不得不颁发谕诏恢复很多壮丁的民籍，"除贱为民"。而分散在各个小家庭里被买来的奴隶，就是所谓家奴，政府无法管理，也无权管理，他们的生活也十分悲惨。主人可以任意使唤、殴打、转赠，无力赎身则世代为奴。常常有奴隶难以忍受虐待自杀，仅康熙一朝，报部自尽者，每年即达2000人。不是奴籍的佃户，也逃不开这种厄运。由于地位和经济实力的差距，佃户面对地主往往是逆来顺受，敢怒不敢言，这导致佃户被欺压成为一种很普遍的现象。一些地主甚至私刑拷打，淫其妇女，佃户成为不在奴籍的"家奴"。

这些在社会底层的奴才每天提心吊胆，不知道自己哪天就被主人打死了，而那些皇帝身边的奴才，也并不轻松。或许他们位极人臣，权势滔天，但是只要惹得皇帝一个不高兴就是掉脑袋的事，更甚者，满门抄斩，株连九族。清朝有个地方叫宁古塔，现在位于黑龙江省牡丹江市海林市长汀镇古城村，是清朝时犯人的流放之地。宁古塔气候苦寒、物质匮乏，与繁华的关内相比一个天上一个地下，加之路途遥远，若是皇帝一句"发往宁古塔，永世不得入关"，那就等于是九死一生了。

5. 清朝的社会保障制度

清朝人在生活中遇到最常见的问题之一就是"穷",走在大清熙熙攘攘的街上,你也有可能看见乞讨的流浪者。对这部分人群,政府设立了养济院、普济堂、栖流所等救济机构予以收抚,实行院内救济和院外救济相结合的救济办法。我们可以依据孤贫程度将其分为三个等级:额内孤贫、浮额孤贫和额外孤贫。额内孤贫是指救济机构确定的固定收养之人;浮额孤贫是指暂时收养的那部分人;额外孤贫是指不在院内收养,飘零在社会上的孤贫。

同是救济机构,应该如何选择呢?在清朝,养济院始终是作为官方救济孤贫的主要机构,从京城到边关,分布区域非常广泛。据日本学者星斌夫对江苏、浙江等7省的调查,除2个县外,其余130个县都明确记载有养济院。养济院的救济程序包括孤贫的收容入院、银米的发放等方面,救济项目也包含三个方面:一是生活必需品的救济,即米、衣、银;二是疾病救助,对于患疾病的孤贫,由政府负责派医生予以治疗;三是死亡救助,对于过世的孤贫,由政府提供棺材,且不能只以苇箔包裹、浮土浅埋,这种救助方式间接避免了瘟疫的流行。

除官方机构外,民间尚有自发性救助机构。普济堂就属于民办官助。乾隆元年(1736)规定:"各省会及通都大郡,概设立普济堂,养赡老疾无依之人,拨给入官田产……以资养赡。"从此之后,普济堂就

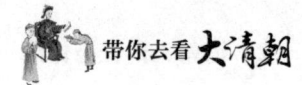

广泛分布在全国各地了。那么这两个救助机构的差异有哪些呢？首先，救助对象的范围不同。虽然二者都收养老疾无告者，但养济院有名额和地域的限制，一般只收养本地之人，救济面向院内。而普济堂的救济对象没有限制，救济面向院外。其次，救济内容不同。养济院的救济通常只有院内发给的米、衣、银等项；普济堂救济内容较广，它还设立粥厂和其他便民设施。

除此以外，还有栖流所和饭厂。栖流所是清朝收养流浪乞讨人员的机构，也是流浪乞讨人员救助中心的前身。饭厂又称粥厂，是清代赈恤京城附近贫民及各地来京流民、饥民的重要机构。清代的饭厂是从顺治九年（1652）开始建立的，初始只在北京东西南北中五城设立饭厂，煮粥救济贫民，每城日发米2石，煮饭银1两。

提到社会保障制度，与古今社会人民息息相关的就是养老制度。

清朝当官的官员到了一定年龄或有疾病要退休时，称为"致仕"，现代称为退休。清朝规定，三品以上官员自具奏；四品以下，京官则经由堂官，地方官则经由督抚，稽查其事实，报之吏部。官员致仕后的待遇和其工作表现相关，职位越高、对国家贡献越大的官员退休后的待遇越优厚。从待遇性质看，既有物质待遇，又有精神待遇。物质待遇又分为长期领取的俸禄待遇和一次性赐给的金、帛、田地等。

除了官员的养老之外，我们最关心的还是清朝百姓的养老。不同于现代社会繁多的养老机构，清朝一般百姓都以家庭养老为主。清政府在养老保障中的作用是倡导尊老、敬老、养老的社会氛围，给予老人一定的物质补助，如对高年老人会赐予米、酒、肉、帛等作为衿恤或奖赏。同时为了鼓励年轻人侍养老人，清朝也制定了免除侍丁徭役的政策。如顺治元年（1644）曾发文："军民年七十以上者，许一丁侍养，免其徭役。"到了乾隆时期，八十岁以上的老人除了获得给侍待遇外，还有其他实物给付；百岁以上老人，可获得建坊的殊荣。

第十一章　清朝人的社会保障

对于丧偶妇女，具有代表性的措施有举办清节堂实施院内救济。清朝有组织的对丧偶妇女救济主要来自善会，以清节堂为代表。首先在饮食方面，被救济者所食米是上熟稻米，每日一顿食粥，两顿食饭；在衣被方面，给被褥一副，单布裙一条，幼子女亦同。若被救济者及所带子女生病，堂中将会请医生看治并开药。

育婴堂是清朝收养遗弃婴孩的慈善机构。康熙元年（1662），于京师广渠门内建立育婴堂，遇有遗弃病废之婴儿收养于堂。

大清育婴堂的数量很多，遍布全国各地。全国育婴堂类共973个，其性质有官办的，有民办的，育婴堂的设立在一定程度上缓解了弃婴溺婴的问题，但远没达到根治。育婴堂的不足让保婴会应运而生，保婴会又称保婴局，大部分于19世纪中后期产生，救济对象则是偏远乡村的婴儿，兼及产妇，主要保障贫困之家。实施救济的方式主要有衣食救济，即给白米一斗、钱二百文。此后凭票，每月照给。遇隆冬则给棉袄、抱裙各一件，春秋给夹袄一件，保障其最基本的生活也兼及医药救济。

第十二章

大清的部分机构

导语

在清朝,不小心惹上官司,该去找谁查清真相?什么是血滴子、粘杆处?到皇宫里面玩耍,不小心走进一间房子,上面写着军机处,这是什么地方?今天就给大家讲讲大清朝的部分机构。

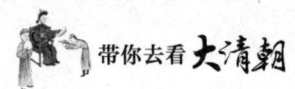

1. 诡异的大清军机处

大家应该都看过清宫剧吧,那么想必对"军机处"或者"军机大臣"非常熟悉。军机处是一个非常机密的机构,只要不是军机大臣等机构的成员,一律不得进入,假如有人违反规定擅自闯入,那可是要杀头的。

即使是亲王,没有皇帝的圣旨,擅自闯入也要被杀头。这条规定在各级官员心里扎下了根。据传,当年湖广总督张之洞奉召进京商议管制改革的事情。当时的军机大臣庆亲王奕劻不知道是出于什么缘故,居然在军机处门前一遍一遍地喊张之洞进去坐一坐。

奕劻忘了这条规矩,可张之洞万万不敢大意,也就没答应进去,不然真进去了,被管事的发现了以后,奕劻给他求情也没用。看见了吧,就连张之洞这样的高官在军机处门前都如此忌惮,那些官微之人就更不用提了。日常从军机处附近路过的人都需要小跑离开,服务人员则是15岁以下的小太监,不能要识字的,而且要定期更换这些人。

当然,大家在故宫旅游可以非常轻松地观摩军机处的场所了。请看,前面这一排厢瓦房就是著名的军机处。听了讲解以后大家应该已经对军机处有所了解了,刚开始大家肯定以为军机处是一所金碧辉煌的豪宅吧,如果这样想的话就错了。

实际情况是,当时的军机处位于乾清宫广场的西边,也就是靠近

第十二章 大清的部分机构

隆宗门的地方。相比于金碧辉煌的乾清宫和太和殿,最初的军机处极为简陋,仅仅是用几块破木板搭建而成的,很难想象,有如此影响力的一个机构最初竟然如此寒酸。

那么,军机处到底是何时成立的呢?它成立的原因是什么呢?这就不得不说到当时的历史背景了。

军机处是雍正皇帝创设的,刚开始是为了解决准噶尔叛乱问题。雍正帝继位以后,在雍正七年(1729),西北少数民族部落叛乱,朝廷需要立即平息叛乱。当时皇帝需要对前线的战事有十分精确的了解,尤其是像雍正这样具有雄图大略的皇帝,更是对此十分重视。不过,当时军事情报需要先经过内阁机构,然后才能传到皇帝手里,等到皇帝知晓了,已经过去好几天了,前线战事出现任何变动都是要命的事情。这中间的程序非常复杂,不仅耗费大量精力和人力,而且更重要的是,传播情报的链条太长,难免会存在泄露军事机密的危险。为了缓解这个局面,雍正帝想了一个办法,设立一个临时机构,由专人将军事情报直接在第一时间送给他。

大家想想看,军机处作为一个临时机构,自然没有对它进行刻意的装修。不过,军机处在乾隆继位以后就被改建为厢瓦房了,环境条件改善得不是一星半点。

除了没有一个像样的办公环境之外,军机处的官员也都没有正式的编制,办公人员都是从六部中抽调而来的,在现在来说就是兼职。所以大臣的升迁跟军机处没有任何关联。

通过以上种种情况可以看出,军机处的创设颇为草率,也非常随意,一点儿也不像是一个国家政府机构。当然了,在雍正皇帝眼里,军机处就是为了解决准噶尔问题而创设的,只不过在解决了准噶尔问题之后,他觉得军机处完全可以当作自己的秘书处,便没有将军机处撤销掉。

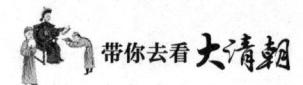

虽然军机处看起来很不起眼,但日常工作还是进行得紧张不已。军机处的日常工作流程大致是这样的,早上五六点,军机大臣去养心殿见皇帝,皇帝会对最新的公文进行批示,说出自己的意见,然后和军机大臣商量一下,拿定主意之后再让军机大臣赶紧回到军机处,让军机章京把皇帝的批示写下来,然后还得让皇帝再过目一遍,皇帝确认没有问题了,就紧急发往全国各地,而且一般是八百里加急的,以确保皇帝的想法第一时间到达各个地方。

这从侧面反映出一个历史结论:军机处的设置是古代中国专制主义中央集权发展到顶峰的标志。这一条结论是怎么体现出来的呢?给大家提示一点:首批军机大臣就是雍正皇帝的心腹允祥、蒋廷锡还有张廷玉,而且外面的军情到达军机处后,军机大臣直接奏请皇帝批复,雍正皇帝的权力无疑加强了,这就是中央集权的形式。雍正皇帝对权力极度渴望,为了能够快速出入军机处,他特意让人在养心殿和军机处之间修了一条专用的通道,平时处理政务的地方就在养心殿的西暖阁,这就把当时的议政王大臣直接架空了。议政王大臣就此成了一个空架子,有名无实。这样待下去也不是个办法,总不能让议政王大臣干坐着吃俸禄吧,所以到了乾隆年间,议政王大臣就被撤掉了。

别看军机处在外观上毫不起眼,但其工作效率奇高,不管多少公文,全部在当天批阅完成,所以军机大臣熬夜加班是常有的事情。

雍正时期的军机大臣只是传旨办事而已,几乎没有什么权力可言,由于是临时机构,等到乾隆皇帝继位后,国内平安无事,就把军机处撤销了,但是等到第二年,乾隆皇帝又因为用兵需要重新建立了军机处。

军机处重启之后,其规模、权力和地位与雍正时期相比大了不知多少倍。据史书上记载,军机处的职权涵盖从朝廷六部到各省督抚,甚至连太监敬事房的事它都能管,可见军机处的权力多么广。

第十二章 大清的部分机构

对于喜爱看清宫剧的朋友们来说,最著名的军机大臣要数贪官和珅了。和珅担任军机大臣时也正是军机处权力最大的时候,乾隆皇帝要求奏折必须给军机处一个副本。很有可能乾隆还不知道的事,和珅早就事先知道了。

在一开始我给大家提到过,军机处是除机构人员以外任何人不得擅自进入的,即使是亲王也不例外。大家都知道,亲王是皇权的威胁者,所以亲王是被排斥在军机处之外的,但到了晚清时候,国内的主要矛盾变成民族矛盾,整个朝廷都在与帝国主义列强作斗争,亲王对皇权的威胁几乎不存在了,所以这一条规矩也被打破了。所以,后来恭亲王奕䜣、庆亲王奕劻都进入军机处做了领班军机大臣。直到宣统三年,也就是1911年,皇族内阁成立后,军机处才被裁撤。

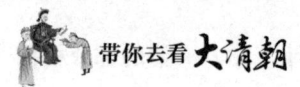

2. 两个省会？特立独行的清朝江苏省

是的，你没有听错，根据不同的史料记载，清朝在江苏省的确同时存在两个省会城市。一个行省两套班子，遇到大问题这俩省会衙门谁说了算呢，岂不非常混乱？但这在当时也是仅此一例，那么这其中的原因是什么呢？

说到省会，我们先介绍一下"省"。其实在比清朝还要早几百年的元朝就已经创设出了行省制度。既然划分了省区，那么肯定是要选择一个区域中心城市作为省府衙门所在地，统领全省的社会经济建设，这就是省会，不过，在清朝时候的江苏，根据史料记载，却同时并存两个省会城市，一个是现在的南京（时称江宁），另一个是苏州。那么问题来了，既然确实存在两个省会，那么江苏省有没有去实行双省制的管理模式呢？

回答这个问题还是要从清朝不同时期的省级区域管理部门以及官职的变化和调整情况来顺藤摸瓜，方能找到正解。其实清朝入关以后，基本还是承继了明朝的地方政府管理体制，保留了总督、巡抚（以下合称督抚）以及布政使（相当于今天的省长）等地方基本的官职体系。最开始的时候，督抚仍然具有钦差的职务属性，但是因为领的差事基本都具有临时性或巡视性的特点，故而职务的调整及驻扎地不固定，因此，地方省级大员基本还是由布政使来担任，而布政使的驻地则被认为是省城，但是到了乾隆皇帝在位的时期，他已经意识到了督抚模式

第十二章 大清的部分机构

对于中央集权管理的重要性，左右思量，他于1748年正式明确了督抚为地方最高行政长官，而地方布政使则降为督抚的副手。

为配合此项调整，清政府还开始重新整肃督抚的人员数量和管理区域，以求可以更好地稳固自身的政权统治，并将从顺治皇帝时确立下来的四总督二十二巡抚体制逐渐调整为到嘉靖皇帝时的八总督十五巡抚的体制。到这个时候，一个省由一个巡抚和一个布政使管理，而总督则凌驾前两位之上，除了京畿重地（直隶总督）和天府之国（四川总督）的总督仅仅管辖一个省以外，其他的总督都同时管理或控制两个到三个省区，这样多重管理模式很好地体现了清廷分而治之的管理策略。

由上，除了京畿重地和天府之国两位总督以外，其他所有的总督都是与其管理中的某一个省的巡抚住在一个城市，即为督抚同城，比如当时的武昌府、福州府还有我们提到的江宁府等。学术界的共识认为，在督抚正式确立为地方最高行政官员以后，巡抚的驻扎地就是省会，如果是总督一省单治未设巡抚的情况，则以总督的驻扎地作为省会。在清朝中后期逐渐确立下来的十八省中有十七个都可以按照上述的督抚所在地引申出该省的唯一省会，而偏偏就是江苏省比较特殊，在辖区包含江苏省的两江总督和江苏巡抚同时存在的情况下，两位却不在一个城市驻扎，两江总督在江宁府，而江苏巡抚则在苏州府，由此便出现了同时有两个省会的情况。

为了更好地去探究这种特殊的情况，我们还需要从"江南省"（江苏省的前称）的分而治之谈起。江南省所处的区域本来也是明朝的京畿重地，地区囊括了现在的上海市、江苏省和安徽省，这里从古至今都是属于经济发达地区，GDP总量一直数一数二，且在政治及文化方面对其他地区的影响也非常重大，即使在清朝灭掉明朝后，该地区仍显现出对清政府的抗争能力，所以，清政府便采取了分而治之的管控方式，将江南省分为了江苏和安徽两个省，这种分开管治的模式并非一步到位的，而是经历了清朝数个皇帝在百余年的发展历程中潜移默化而来的。而江苏省作为当时的富庶之地也颇受官员们的青睐，无论是两江总督、江宁布政使，还是江苏巡抚及布政使，从体制上来说都具有管理全省的实际权力，但因为各种利益上的斗争错综复杂，江宁布政使在体制上也受两江总督的领导，而江苏巡抚和布政使则远在苏州府"天高皇帝远"呢，所以其他省会的同城之争在江苏倒是不明显，明显的是在对势力范围的斗争中对江苏省形成了"划江而治"。这种势力范围的具体表现为：江宁布政使控制着江宁府、淮安府、扬州府、徐州府，而两江总督除了领导江宁布政使之外，还有自己直接管辖着苏北的海州厅、通州厅、海门厅（今连云港、盐城、宿迁地区），而江苏巡抚及布政使的势力范围则压缩至苏南区域的苏州府、松江府、常州府、镇江府、太仓州。

从历史记载来看，江苏省形成的这种"划江而治"的管理格局基本上从清中期开始一直到清亡，这样的历史形成的缘由也在潜移默化中固化了江宁府与苏州府各自独立的省会城市地位，不过同时也对江苏省的老百姓在同省人的观念上产生了弱化作用。比如说，相对于非常遥远的江苏巡抚及布政使所在地——苏州府而言，苏北地区的地方基层官员和民众肯定会与临近的省城——江宁来往更为密切，且在所属多地的地方府志和篆刻碑文上也多以"江南"管辖区域自称，而不习惯用"江苏"这样名号；同理，苏南地区的民众也有同样的观念。与此同时，朝廷下派的钦差大臣，比如负责盐运、教育考试、河道治理、物流运输、罪案督察等不同职能大大小小的官员也都分别驻扎在江苏的很多城市或州府，也从另一方面弱化了省级身份的归属感，这种淡化也给后来在光绪年间推行的"苏淮分省"带来了一定影响，不过由于当时的清政府对于地方的掌控已经力不从心，加上各个地方利益群体势力强大，各种抵制不断涌现，最终，该政策也仅仅推行了三个月就不得不终止。由此，江苏省的南北重归统一，但两个省会的历史格局却并未改变。

3. 粘杆处？血滴子？

康熙年间，国泰民安，风调雨顺，可这皇宫内院可是另一番景象。尤其是在康熙末年，"九子夺嫡"事件愈演愈烈，皇宫内院可谓是血雨腥风。先是废了立、立了又废的大贝勒，再是"虚贤下士"，联络各方人士，"颇有所图"的八贝勒，以及出征西北，平定藏区的十四贝勒和开蒙养斋馆，以"储君"自命的三贝勒。随着皇储之位人选不定，诸位皇子也当然"情不自禁，心向往之"。

再看看未来的雍正皇帝胤禛。他和他的兄弟们就不一样了。诸皇子为了成为储君要么做事，要么做梦。可胤禛在干吗？人家胤禛深谙道学，自称"天下第一闲人"，讲究"无为自化"。领着一帮家丁在府邸里操杆捕蝉呢！想象一下，一群家丁拿着一支长竹竿，一头抹上胶，另一头拿在手里，随着胤禛的指挥："这这这……那那那……哎，粘上了！"如果各位认为，这个"玩物丧志"的主子居然能当上了皇帝，还能"上承康、下启乾"？那胤禛的目的可就达到了。胤禛就是要让世人看到他大度容人，不争不抢，这也更是要让他的父亲康熙帝看到的。

那么胤禛到底在干什么呢？他其实也在做着和诸皇子一样的事情，他借着招募家丁的名义招募江湖的高手，并且训练他们为自己所用，四处刺探情报，并且结党联营、铲除异己。说白了，粘杆处就是胤禛自己的特务组织，可以说为雍正的继位立下了汗马功劳。

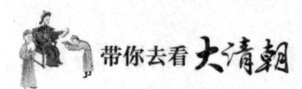

在雍正皇帝继位后,发现这个粘杆处这么好用,于是并没有解散它,而是继续招兵买马,让这个粘杆处成了雍正皇帝的特务总部。后来,雍正皇帝就将其正式更名——尚虞备用处,地点就设在雍和宫。

从总部地点就可以看出,这个特务机构可谓是雍正的心腹。雍和宫原名雍亲王府,是康熙三十三年(1694)所建,康熙册封胤禛为雍亲王后成了其府邸。后来雍亲王府遭遇大火烧去一半,重修后雍正帝改其名为雍和宫,取安定祥和之意,并把雍和宫当作了自己紫禁城之外的一所行宫。大家都知道,皇家日膳、服饰、库贮等都是由内务府掌管的,尚虞备用处应是内务府下辖机构,可作为一个特务机构,总不能在内务府的账本上写:尚虞备用处支出杀人用毒药,纹银二十两……

那么这个特务机构如何在保密的情况下运行呢?这个行宫就起到了至关重要的作用。一旦把尚虞备用处放到了皇帝的行宫,闲杂人等就无权干涉,内务府也无权过问,机构支出也合并到皇帝日常消费之中。尚虞备用处常设粘杆侍卫四名、粘杆拜唐四名,24小时执勤,为雍正"处理"事务。对外,作为皇帝行宫里的一个"普普通通"的办事机构;对内,作为一个仅仅听命于皇帝的情报机构。尚虞备用处真真正正地成了大清的一个秘密组织,成了雍正收集情报的"眼睛"和排除异己的利器。

说了这么多,可能诸位还不相信这个组织的存在,更不能想象这个组织的强大,那我就来举几个流传最广的例子。

爱新觉罗·昭梿所作《啸亭杂录》记载:有一个叫王云锦的大臣在家里和朋友玩叶子戏(类似于纸牌),玩着玩着忽然少了一张,便不打牌,改喝酒了,他也没大在意。第二天上朝时,雍正皇帝问他:"昨晚你干吗去了?"他答道:"昨晚臣打牌,打着打着少了一张……"这时候就见雍正皇帝一面嘉奖其对自己没有隐瞒,一面慢慢地从袖子里掏出一张牌:"你看看是你昨晚丢的那张不?"自此,朝廷上下没有敢欺

第十二章 大清的部分机构

瞒皇帝的。

陈康祺所作《郎潜纪闻三笔》也记载了一个类似的故事：雍正朝礼部主事周人骥赴四川任职，为官三年，名声甚好。在去四川前，上级曾给他推荐了一个仆役，此人做事勤敏，主仆相处很好。周人骥三年任满后，仆役数次请求先回京城。周人骥说："我马上就要回京复命了，要不我带你一起走吧。"仆役说："我也要回京复命。"周人骥一时不解，一个仆役复什么命？仆役见他不解，便说："我其实是皇上特地派来伺候您的。幸好你执政的几年勤于政务，没有贪赃枉法，对下属也不会过分苛刻，否则……"周人骥顿时吓个半死，想不到身边仆役竟是潜伏的密探，幸好自己没做什么坏事！周人骥回京后，即得到雍正皇帝的褒奖。

说完粘杆处，再说说血滴子。民间有三种说法，这其一便是血滴子为粘杆处的别称，血滴子就是粘杆处，就是雍正皇帝的秘密情报组织。其二，血滴子是一种毒药，是一种名为"撒树"的树汁，这种树是出产在广西边境深山中的。当地人常用一种"见血封喉"的毒箭，箭镞上所敷毒药也是用这种树汁熬成。雍正皇帝在此基础上改进了配方，制出了将人化之于无形的"血滴子"。其三，血滴子是雍正皇帝少年拜到高人门下时或以粘杆处名义招募武林高手时发明的一种杀人利器。曾有书籍记载："血滴子"是茅山道人所发明创造的，其作用是降魔伏妖，其降魔伏妖方式是"以革为囊，内藏快刀数把，控以机关，用时趁人不备，囊罩其头，拨动机关，首级立取"。大概就是一个笼形机关，扣住人的脑袋，一提，就身首分离了。

无论民间传说怎样，或粘杆处，或血滴子，作为雍正皇帝高压统治下的特务机构一定是存在过的。它们都是封建社会中君主专制统治的必然产物。各位权且听之，具体内容的就由文学家们自由发挥吧。

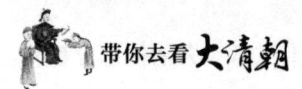

4. "神奇"的师爷,衙门里精于世故的聪明人

提起衙门就不得不说说衙门里的师爷。说到师爷,我们脑海里会出现周星驰的电影《九品芝麻官》里那个胖胖的、憨厚老实的形象,或者是阴险狡猾、心术不正的样子。在古装剧中,师爷是一个重要的配角,充当着县老爷的智囊和助手一角。而从职称上来说,也是差不离了。

师爷这一职业的黄金时代就在清朝,不论是大官还是小吏,都要聘请师爷帮助自己处理事务。一位叫费正清的美国学者在《剑桥中国晚清史》中写道:"随着官员在省级或地方一级职责的加重,幕友的规模和人数也跟着增加。到18世纪末,这些助手的总人数估计已达7500人。虽然没有可靠的调查统计数字,但可以假定他们的人数在19世纪继续有所增长。"

可见这一职业的热门程度。

"师爷"这种叫法在明清以前其实是没有的,古时候人们以幕僚、幕宾等称呼这类人群。一个优秀的师爷大多都有功名在身。道台以上的官员们都喜欢聘请举人出身的师爷,可见以学历筛选人才这个方法由来已久。师爷也分类,譬如管法律案件的叫"刑名师爷",我们从影视作品中看到的很多师爷都属于此类;管收钱收粮的叫"钱谷师爷";还有"书启师爷",就是写信和文稿,拆信读信的师爷。

第十二章　大清的部分机构

让我们费解的是,有功名在身做什么不好,非要做师爷呢?那是因为我们带了偏见看待这个职业,总觉得师爷都是一些势利小人。其实,进士出身的老爷做官要较举人、秀才容易很多,熬熬资历也能慢慢升上去,但举人们是不可能做到很大的官的,科举也是无望了,而师爷这个可以进入官场,门槛又不太高的职业自然是很多人的首选。

从明朝中后期到清朝,师爷一职都是热门抢手的职业。他们并不算官员,没有官身,却又在行政中扮演着重要的角色。他们是官员以个人名义聘请的,不在体制之内,只对雇主负责,这就使师爷们在办事中更加灵活自由。许多琐碎的事情官老爷们做不来,就雇师爷来帮他们处理。久而久之,师爷也就拥有了一些实权。当过师爷的人再去做官,上手就非常快,毕竟这一套他们都已经很熟悉了。

如此看来,这些师爷都是精明人,在官场上,没点头脑是混不下去的。

历史上一些非常有名的人物也曾当过师爷。譬如大名鼎鼎的"近代开眼看世界第一人"——林则徐就当过两广总督百龄和福建巡抚张师诚的师爷。李鸿章、左宗棠和蒲松龄也当过师爷。

清朝时有一个活跃一时的师爷群体,叫"绍兴师爷"。一开始就是指籍贯绍兴的师爷,慢慢地演变成了对一般师爷的统称,含有一些贬义色彩。他们专业性强、数量多,在清朝的低级地方机构中,绍兴师爷发挥着重要的作用。既然有一般的师爷,那相对的也有高级的师爷,就如上文提到的李鸿章、左宗棠等人。其中我们至今都在用的"屡战屡败,屡败屡战"就是当年李鸿章在做曾国藩幕僚时留下的。

可见真是三百六十行,行行出状元。一个优秀的师爷真的是官员的左臂右膀。

但若是将师爷只看作一个兢兢业业的秘书,一个智多星,其实是不妥当的。师爷们也是科举过来的,有较高的文化素养。在日常生活

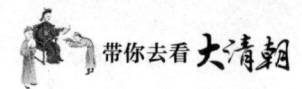

中，他们也写诗词散文、鸣琴下棋，风花雪月的事也是一个不少。《浮生六记》的作者沈复就是一个很好的例子。

一个职业难免会有阴暗面，我们对师爷的固有印象也不全是没有来由的。官员在处理日常事务时离不开师爷的协助，刑名师爷掌握了审判权，钱谷师爷掌握了财政权，更重要的是，如果师爷手段足够，可以通过雇主官员笼络大量的政治资源，这也是很多师爷能够走上仕途的主要原因。当然也有像左宗棠那样，带有实习性质的幕僚，与官员属于师生关系。师爷的腐败着实是清朝官场的一大问题，他们遍布官场，下至乡县小官，上至一品大员，都需要师爷为他们出谋划策，打点官场上林林总总的事。如果没有有效的措施可以防止，手上又握着实权，这些师爷想要不贪，也是需要定力的。

《大清历朝实录》就有记载州县官员和刑名师爷为捞钱迟迟不肯结案的事。甚至还有刑名师爷两边通吃，看哪边钱给得多就判哪边赢。可见其权力之重。钱谷师爷的薪水则非常高，在乾隆时期就达到每年220两，乾隆后期，县级的钱谷师爷薪酬已达每年880两，如果是更上级的师爷，则高达2000两。这还只是他们的年薪，若是考虑到平时借职权之便搜刮的"油水"，那金额真是不敢想。

"师爷"是清朝官场的一个符号。它确实是政治上一大"蛀虫"，但也起到了一定的作用。

最后以一个做了三十四年的资深师爷的话作为总结："官之为治，必不能离此三种人（笔者注即幕宾、书吏、长随），而此三种人者，邪正相错。"